清华国文课

清华大学国文系　编

团结出版社

图书在版编目（CIP）数据

清华国文课 / 清华大学国文系编著.
-- 北京 :团结出版社, 2020.10
ISBN 978-7-5126-8343-3

Ⅰ.①清… Ⅱ.①清… Ⅲ.①国学—高等学校—教材
Ⅳ.①Z126

中国版本图书馆CIP数据核字(2020)第194808号

出版：团结出版社
（北京市东城区东皇城根南街84号 邮编：100006）
电话：(010) 65228880　　65244790　（传真）
网址：www.tjpress.com
Email：65244790@163.com
经销：全国新华书店
印刷：大厂回族自治县德诚印务有限公司

开本：145×210　1/32
印张：7
字数：120千字
版次：2020年12月　第1版
印次：2020年12月　第1次印刷

书号：978-7-5126-8343-3
定价：42.00元

前　言

　　这本《清华国文课》原名为《国立清华大学国文选》，是二十世纪四十年代清华大学给大一学生使用的国文教材。该国文教材大多收录的是先秦至清代的文言文章，现代的则收录了王国维、蔡元培、鲁迅、闻一多、朱自清等人的文章。其目的是追寻纯粹的"古典"精髓，期望学生从当中可以学到"国学"的精华。其所选文章时间跨度巨大，可谓是一部用文章来体现的中国文学史。本次出版，编者另附翁文瀚、陈寅恪、冯友兰、唐筼（陈寅恪夫人）、梁治华（实秋）、谢文炳、贺麟等人对清华大学的回忆文章。

　　清华大学大一国文课由国文系来组织，国文系后来改称中国文学系。二十世纪三四十年代，朱自清任中国文学系系主任，清华中文系教师有朱自清、余冠英、浦江清、王力、陈梦家等著名学者。

　　清华大学的"大一国文"的主要任务是指导学生阅读历代文言文名著，能断章标点，同时也训练学生写通顺的白话文。

　　大学语文作为一门学科，在编选教材时，选材方面慎之又慎。《清华大学国文选》注意到了这个问题，如选取了朱自清的《文学的标准和尺度》和《古文学的欣赏》两篇文章，说明清华大学注重培养学生的文学欣赏能力，以及对待文学的标准和尺度。

所选录的文章经典，引人入胜。选录的文章体裁，从古体诗、骈文、散文、小品文、小说、评论、新文学序跋、文学评论等，均有涉及。打破了清一色古文选目，引入了文学史的观念，以及加入了新文学的引导，可谓是一部用文章来呈现的中国文学史。

而且，当时清华教授"大一国文"的，都是名师讲授。据李赋宁先生回忆，当时的大一国文课程，分为两组教授，A组教师是俞平伯，B组是朱自清先生教的。1929至1949年在清华大学"大一国文"的专任教师有：杨树达、刘文典、朱自清、闻一多、俞平伯、浦江清、余冠英、沈从文、王瑶、朱德熙、吴组缃等。

历史学家吴小如晚年也曾这样回忆说：当年清华"'大一国文'始终是全校性的必修课。开这门课有两种方式。一种是各系分班由著名教授主讲，像清华的朱自清、刘文典、俞平伯、浦江清诸位先生，都各分一个班去教'大一国文'"。

清华国文课不仅注重课堂的教学，也注重课外的阅读。伍铁平先生在《忆朱自清老师》谈及："朱自清先生到昆明西南联大，担任中国文学系教授。……在清华，朱先生担任中文系系主任，并负责全校一年级学生的国文课教学。他承继了西南联大的传统，在大一国文课里加进鲁迅的许多作品和其他一些白话作品。他不顾任何人的反对，规定了高尔基的《母亲》、茅盾的《清明前后》、夏衍的《法西斯细菌》、屠格涅夫的《罗亭》和沙汀的《淘金记》为大一国文必读书。这五本书的内容都是进步的。……一个是为被剥削被压迫者的解放而英勇斗争的母亲，另一个则是旧社会的寄生虫——地主何寡妇。朱先生关于大一国文课外读物必读的这个明智的规定，对一年一度清华五六百新生的思想教育起了很大的作用，使他们进步……朱先生矮矮的个子，和蔼的笑容，说话低沉的音调给人的印象太深了，他好像还活着，好像还在给我们上大一国文，正在讲解《狂人日记》，指出鲁迅所讽刺的那些吃人的'人'就是旧社会的渣滓。"

　　本书虽然收录现代白话文作品较少，但是所收录的古代诗词和文章却是篇篇经典，而且摒弃了唐宋以后的无韵之文，肯定了"古典"文章在学生的学习和阅读的作用。

　　本书收有朱自清《文学的标准和尺度》，可知该国文教材是在1947年以后使用。故而本书依照该版本予以整理出版，并在后文附有多篇清华纪念刊出版的回忆文章，以展现那个时代的清华风貌。为了便于读者阅读，编者对回忆文章的文字按照当今的用语习惯，个别地方予以改动，如"甚么"改为"什么"等。又如根据文意，有的文章则将"他"改为"她"等等。

　　为了便于现代读者阅读，改原来的繁体竖排为简体横排，改正了其中明显的错讹。由于编者水平所限，其中定有不妥之处，请读者诸君指正。

编　者

目 录

诗 经

谷 风

习习谷风，以阴以雨。黾勉同心，不宜有怒。采葑采菲，无以下体？德音莫违，及尔同死。

行道迟迟，中心有违。不远伊迩，薄送我畿。谁谓荼苦，其甘如荠。宴尔新昏，如兄如弟。

泾以渭浊，湜湜其沚。宴尔新昏，不我屑以。毋逝我梁，毋发我笱。我躬不阅，遑恤我后。

就其深矣，方之舟之。就其浅矣，泳之游之。何有何亡，黾勉求之。凡民有丧，匍匐救之。

能不我慉，反以我为仇。既阻我德，贾用不售。昔育恐育鞠，及尔颠覆。既生既育，比予于毒。

我有旨蓄，亦以御冬。宴尔新昏，以我御穷。有洸有溃，既诒我肄。不念昔者，伊余来塈。

氓

氓之蚩蚩，抱布贸丝。匪来贸丝，来即我谋。送子涉淇，至于顿丘。匪我愆期，子无良媒。将子无怒，秋以为期。

乘彼垝垣，以望复关。不见复关，泣涕涟涟。既见复关，载笑载言。尔卜尔筮，体无咎言。以尔车来，以我贿迁。

桑之未落，其叶沃若。于嗟鸠兮！无食桑葚。于嗟女兮！无与士耽。士之耽兮，犹可说也。女之耽兮，不可说也。

桑之落矣，其黄而陨。自我徂尔，三岁食贫。淇水汤汤，渐车帷裳。女也不爽，士贰其行。士也罔极，二三其德。

三岁为妇，靡室劳矣。夙兴夜寐，靡有朝矣。言既遂矣，至于暴矣。兄弟不知，咥其笑矣。静言思之，躬自悼矣。

及尔偕老，老使我怨。淇则有岸，隰则有泮。总角之宴，言笑晏晏。信誓旦旦，不思其反。反是不思，亦已焉哉！

东　山

我徂东山，慆慆不归。我来自东，零雨其濛。我东曰归，我心西悲。制彼裳衣，勿士行枚。蜎蜎者蠋，烝在桑野。敦彼独宿，亦在车下。

我徂东山，慆慆不归。我来自东，零雨其濛。果臝之实，亦施于宇。伊威在室，蟏蛸在户。町畽鹿场，熠耀宵行。不可畏也，伊可怀也。

我徂东山，慆慆不归。我来自东，零雨其濛。鹳鸣于垤，妇叹于室。洒扫穹窒，我征聿至。有敦瓜苦，烝在栗薪。自我不见，于今三年。

我徂东山，慆慆不归。我来自东，零雨其濛。仓庚于飞，熠耀其羽。之子于归，皇驳其马。亲结其缡，九十其仪。其新孔嘉，其旧如之何？

左 传

秦晋崤之战

僖公三十二年冬，晋文公卒。庚辰，将殡于曲沃。出绛，柩有声如牛。卜偃使大夫拜，曰："君命大事，将有西师过轶我，击之，必大捷焉。"

杞子自郑使告于秦曰："郑人使我掌其北门之管，若潜师以来，国可得也。"穆公访诸蹇叔。蹇叔曰："劳师以袭远，非所闻也。师劳力竭，远主备之，无乃不可乎？师之所为，郑必知之，勤而无所，必有悖心。且行千里，其谁不知？"

公辞焉，召孟明、西乞、白乙，使出师于东门之外。蹇叔哭之曰："孟子！吾见师之出，而不见其入也！"公使谓之曰："尔何知？中寿，尔墓之木拱矣。"

蹇叔之子与师，哭而送之曰："晋人御师必于崤。崤有二陵焉：其南陵，夏后皋之墓也；其北陵，文王之所辟风雨也。必死是间，余收尔骨焉！"秦师遂东。

三十三年春，秦师过周北门，左右免胄而下，超乘者三百乘。王孙满尚幼，观之，言于王曰："秦师轻而无礼，必败。轻则寡谋，无礼则脱。入险而脱，又不能谋，能无败乎？"

及滑，郑商人弦高将市于周，遇之，以乘韦先牛十二犒师，曰："寡君闻吾子将步师出于敝邑，敢犒从者。不腆敝邑为从者之淹，居则具一日之积，行则备一夕之卫。"且使遽告于郑。

郑穆公使视客馆，则束载厉兵秣马矣，使皇武子辞焉，曰："吾子淹久于敝邑，唯是脯资饩牵竭矣。为吾子之将行也，郑之有原圃，犹秦之有具囿也，吾子取其麋鹿以闲敝邑，若何？"杞子奔齐，逢孙、杨孙奔宋。孟明曰："郑有备矣，不可冀也。攻之不克，围之不继，吾其还也。"灭滑而还。

晋原轸曰："秦违蹇叔而以贪勤民，天奉我也。奉不可失，敌不可纵。纵敌患生，违天不祥。必伐秦师！"栾枝曰："未报秦施而伐其师，其为死君乎？"先轸曰："秦不哀吾丧而伐吾同姓，秦则无礼，何施之为？吾闻之，一日纵敌，数世之患也。谋及子孙，可谓死君乎！"遂发命，遽兴姜戎。子墨衰绖，梁弘御戎，莱驹为右。夏四月辛巳，败秦师于殽，获百里孟明视、西乞术、白乙丙以归。遂墨以葬文公，晋于是始墨。

文嬴请三帅，曰："彼实构吾二君，寡君若得而食之不厌，君何辱讨焉？使归就戮于秦，以逞寡君之志，若何？"公许之。先轸朝，问秦囚。公曰："夫人请之，吾舍之矣。"先轸怒曰："武夫力而拘诸原，妇人暂而免诸国，堕军实而长寇仇。亡无日矣。"不顾而唾。公使阳处父追之，及诸河，则在舟中矣。释左骖，以公命赠孟明。孟明稽首曰："君之惠，不以累臣衅鼓，使归就戮于秦，寡君之以为戮，死且不朽。若从君惠而免之，三年将拜君赐。"

秦伯素服郊次，乡师而哭曰："孤违蹇叔以辱二三子，孤之罪也。不替孟明，孤之过也。大夫何罪？且吾不以一眚掩大德。"

齐晋鞌之战

孙桓子还于新筑，不入，遂如晋乞师。臧宣叔亦如晋乞师。皆主郤献子。晋侯许之七百乘。郤子曰："此城濮之赋也。有先君之明与先大夫之肃，故捷。克于先大夫无能为役，请八百乘。"许之。郤克将中军，士燮佐上军，栾书将下军，韩厥为司马，以救鲁、卫。臧宣叔逆晋师，且道之。季文子帅师会之。及卫地，韩献子将斩人，郤献子驰，将救之，至，则既斩之矣。郤子使速以徇，告其仆曰："吾以分谤也。"师从齐师于莘。

六月壬申，师至于靡笄之下。齐侯使请战，曰："子以君师辱于敝邑，不腆敝赋，诘朝请见。"对曰："晋与鲁、卫，兄弟也。来告曰：'大国朝夕释憾于敝邑之地。'寡君不忍，使群臣请于大国，无令舆师淹于君地。能进不能退，君无所辱命。"齐侯曰："大夫之许，寡人之愿也。若其不许，亦将见也。"齐高固入晋师，桀石以投人，禽之而乘其车，系桑本焉，以徇齐垒，曰："欲勇者贾余余勇。"癸酉，师陈于鞌。邴夏御齐侯，逢丑父为右。晋解张御郤克，郑丘缓为右。齐侯曰："余姑翦灭此而朝食。"不介马而驰之。郤克伤于矢，流血及屦，未绝鼓音，曰："余病矣！"张侯曰："自始合，而矢贯余手及肘，余折以御，左轮朱殷，岂敢言病。吾子忍之！"缓曰："自始合，苟有险，余必下推车，子岂识之? 然子病矣!"张侯曰:"师之耳目,在吾旗鼓,进退从之。此车一人殿之,可以集事,若之何其以病败君之大事也?擐甲执兵,固即死也。病未及死,吾子勉之!"左并辔,右援枹而鼓,马逸不能止,师从之。齐师败绩。逐之,三周华不注。

韩厥梦子舆谓己曰:"且(旦)辟左右。"故中御而从齐侯。邴夏曰:"射其御者,君子也。"公曰:"谓之君子而射之,非礼也。"射其左,越于车下。射其右,毙于车中,綦毋张丧车,从韩厥,曰:"请寓乘。"从左右皆肘之,使立于后。韩厥俛定其右。逢丑父与公易位。将及华泉,骖絓于木而止。丑父寝于轏中,蛇出于其下,以肱击之,伤而匿之,故不能推车而及。

韩厥执絷马前,再拜稽首,奉觞加璧以进,曰:"寡君使群臣为鲁、卫请,曰:'无令舆师陷入君地。'下臣不幸,属当戎行,无所逃隐。且惧奔辟,而忝两君,臣辱戎士,敢告不敏,摄官承乏。"丑父使公下,如华泉取饮。郑周父御佐车,宛茷为右,载齐侯以免。韩厥献丑父,郤献子将戮之。呼曰:"自今无有代其君任患者,有一于此,将为戮乎?"郤子曰:"人不难以死免其君。我戮之不祥,赦之以劝事君者。"乃免之。

齐侯免,求丑父,三入三出。每出,齐师以帅退。入于狄卒,狄卒皆抽戈楯冒之。以入于卫,卫师免之。遂自徐关入。齐侯见保者,曰:"勉之! 齐师败矣。"辟女子,女子曰:"君免乎?"曰:"免矣。"曰:"锐司徒免乎?"曰:"免矣。"曰:"苟君与吾父免矣,可若何?"乃奔。齐侯以为有礼,既而问之,辟司徒之妻也。予之石窌。

晋师从齐师，入自丘舆，击马陉。齐侯使宾媚人赂以纪甗、玉磬与地，不可，则听客之所为。宾媚人致赂，晋人不可，曰："必以萧同叔子为质，而使齐之封内尽东其亩。"对曰："萧同叔子非他，寡君之母也。若以匹敌，则亦晋君之母也。吾子布大命于诸侯，而曰必质其母以为信。其若王命何？且是以不孝令也。《诗》曰：'孝子不匮，永锡尔类。'若以不孝令于诸侯，其无乃非德类也乎？先王疆理天下，物土之宜，而布其利，故《诗》曰：'我疆我理，南东其亩。'今吾子疆理诸侯，而曰尽东其亩而已，唯吾子戎车是利，无顾土宜，其无乃非先王之命也乎？反先王则不义，何以为盟主？其晋实有阙。四王之王也，树德而济同欲焉。五伯之霸也，勤而抚之，以役王命。今吾子求合诸侯，以逞无疆之欲。《诗》曰'布政优优，百禄是遒。'子实不优，而弃百禄，诸侯何害焉？不然，寡君之命使臣则有辞矣，曰：'子以君师辱于敝邑，不腆敝赋，以犒从者。畏君之震，师徒桡败。吾子惠徼齐国之福，不泯其社稷，使继旧好，唯是先君之敝器、土地不敢爱。子又不许，请收合余烬，背城借一。敝邑之幸，亦云从也。况其不幸，敢不唯命是听。'"

鲁、卫谏曰："齐疾我矣。其死亡者，皆亲昵也。子若不许，仇我必甚。唯子则又何求？子得其国宝，我亦得地，而纾于难，其荣多矣！齐、晋亦唯天所授，岂必晋？"晋人许之，对曰："群臣帅赋舆，以为鲁、卫请，若苟有以藉口而复于寡君，君之惠也。敢不唯命是听。"禽郑自师逆公。

秋七月，晋师及齐国佐盟于爰娄，使齐人归我汶阳之田。公会晋师于上郓，赐三帅先路三命之服，司马、司空、舆帅、候正、亚旅，皆受一命之服。晋师归，范文子后入。武子曰："无为吾望尔也乎？"对曰："师有功，国人喜以逆之。先入，必属耳目焉，是代帅受名也，故不敢。"武子曰："吾知免矣。"郤伯见，公曰："子之力也夫！"对曰："君之训也，二三子之力也，臣何力之有焉！"范叔见，劳之如郤伯。对曰："庚所命也，克之制也，燮何力之有焉？"栾伯见公亦如之。对曰："燮之诏也，士用命也，书何力之有焉？"

庄子选录

马　蹄

　　马，蹄可以践霜雪，毛可以御风寒。龁草饮水，翘足而陆，此马之真性也。虽有义台、路寝，无所用之。及至伯乐，曰："我善治马。"烧之，剔之，刻之，雒之，连之以羁馽，编之以皂栈，马之死者十二三矣。饥之，渴之，驰之，骤之，整之，齐之，前有橛饰之患，而后有鞭筴之威，而马之死者已过半矣！陶者曰："我善治埴。"圆者中规，方者中矩。匠人曰："我善治木。"曲者中钩，直者应绳。夫埴、木之性，岂欲中规矩、钩绳哉？然且世世称之，曰："伯乐善治马，而陶匠善治埴、木。"此亦治天下者之过也。

　　吾意善治天下者不然。彼民有常性，织而衣，耕而食，是谓同德。一而不党，命曰天放。故至德之世，其行填填，其视颠颠。当是时也，山无蹊隧，泽无舟梁；万物群生，连属其乡；禽兽成群，草木遂长。是故禽兽可系羁而游，鸟鹊之巢可攀援而窥。夫至德之世，同与禽兽居，族与万物并。恶乎知君子小人哉？同乎无知，其德不离；同乎无欲，是谓素朴。素朴而民性得矣。及至圣人，蹩躠为仁，踶跂为义，而天下始疑矣。澶漫为乐，摘僻为礼，而天下始分矣。故纯朴不残，孰为牺樽？白玉不毁，孰为珪璋？道德不废，安取仁义？性情不离，安用礼乐？五色不乱，孰为文采？五声不乱，孰应六律？夫残朴以为器，工匠之罪也；毁道德以为仁义，圣人之过也。

夫马，陆居则食草饮水，喜则交颈相靡，怒则分背相踶。马知已此矣。夫加之以衡扼，齐之以月题，而马知介倪、闉扼、鸷曼、诡衔、窃辔。故马之知而能至盗者，伯乐之罪也。夫赫胥氏之时，民居不知所为，行不知所之，含哺而熙，鼓腹而游。民能已此矣！及至圣人，屈折礼乐以匡天下之形，县跂仁义以慰天下之心，而民乃始踶跂好知，争归于利，不可止也。此亦圣人之过也。

山木（节录）

庄子行于山中，见大木，枝叶盛茂。伐木者止其旁而不取也。问其故，曰："无所可用。"庄子曰："此木以不材得终其天年。"夫子出于山，舍于故人之家。故人喜，命竖子杀雁而烹之。竖子请曰："其一能鸣，其一不能鸣，请奚杀？"主人曰："杀不能鸣者。"

明日，弟子问于庄子曰："昨日山中之木，以不材得终其天年；今主人之雁，以不材死。先生将何处？"庄子笑曰："周将处乎材与不材之间。材与不材之间，似之而非也，故未免乎累。若夫乘道德而浮游则不然，无誉无訾，一龙一蛇，与时俱化，而无肯专为。一上一下，以和为量，浮游乎万物之祖。物物而不物于物，则胡可得而累邪？此神农、黄帝之法则也。若夫万物之情，人伦之传则不然，合则离，成则毁，廉则挫，尊则议，有为则亏，贤则谋，不肖则欺。胡可得而必乎哉？悲夫，弟子志之，其唯道德之乡乎！"

让王（节录）

孔子穷于陈、蔡之间，七日不火食，藜羹不糁，颜色甚惫，而弦歌于室。颜回择菜，子路、子贡相与言曰："夫子再逐于鲁，削迹于卫，伐树于宋，穷于商周，围于陈蔡。杀夫子者无罪，藉夫子者无禁。弦歌鼓琴，未尝绝音，君子之无耻也若此乎？"颜回无以应，入告孔子。孔子推琴，喟然而叹，曰："由与赐，细人也。召而来，吾语之。"子路、子贡入。子路曰："如此者，可谓穷矣！"孔子曰："是何言也？君子通于道之谓通，穷于道之谓穷。今丘抱仁义之道以遭乱世之患，其何穷之为？故内省而不穷于道，临难而不失其德。天寒既至，霜雪既降，吾是以知松柏之茂也。陈蔡之隘，于丘其幸乎！"孔子削然反琴而弦歌，子路扢然执干而舞。子贡曰："吾不知天之高也，地之下也。"古之得道者，穷亦乐，通亦乐，所乐非穷通也。道德于此，则穷通为寒暑风雨之序矣。故许由娱于颖阳，而共伯得乎丘首。

荀子·性恶篇

　　人之性恶，其善者，伪也。今人之性，生而有好利焉，顺是，故争夺生而辞让亡焉。生而有疾恶焉，顺是，故残贼生而忠信亡焉。生而有耳目之欲，有好声色焉，顺是，故淫乱生而礼义文理亡焉。然则从人之性，顺人之情，必出于争夺，合于犯分乱理，而归于暴。故必将有师法之化，礼义之道，然后出于辞让，合于文理，而归于治。用此观之，人之性恶明矣。其善者，伪也。故枸木必将待檃栝、烝矫然后直；钝金必将待砻厉然后利；今人之性恶，必将待师法然后正，得礼义然后治。今人无师法，则偏险而不正；无礼义，则悖乱而不治。古者圣王以人性恶，以为偏险而不正，悖乱而不治，是以为之起礼义，制法度，以矫饰人之情性而正之，以扰化人之情性而导之也。始皆出于治，合于道者也。今之人，化师法，积文学，道礼义者为君子；纵性情，安恣睢，而违礼义者为小人。用此观之，然则人之性恶明矣。其善者，伪也。孟子曰："人之学者，其性善。"曰：是不然。是不及知人之性，而不察乎人之性伪之分者也。凡性者，天之就也，不可学，不可事。礼义者，圣人之所生也，人之所学而能，所事而成者也。不可学，不可事，而在人者，谓之性。可学而能，可事而成之在人者，谓之伪。是性伪之分也。今人之性，目可以见，耳可以听。夫可以见之明不离目，可以听之聪不离耳，目明而耳聪，不可学明矣。孟子曰："今人之性善，将皆失丧其性故也。"曰：若是则过矣。今人之性，生而离其朴，离其资，必失而丧之。用此观之，然则人之性恶明矣。（其善者，伪也）所谓性善者，不离其朴而美之，不离其资而利之也。使夫资朴之于美，心意之于善。若夫可以见之明不离目，可以听之聪不离耳，故曰目明而耳聪也。今人之性，饥而欲饱，寒而欲暖，劳而欲休，此人之情性也。今人饥见长而不敢先食者，将有所让也；劳而不敢求息者，将有所代也。夫子之让乎父，弟之让乎兄，子之代乎父，弟之代乎兄，此二行者，皆反于性而悖于情也。然而孝子之道，礼义之文理也。故顺情性则不辞让矣，辞让则悖于情性矣。用此观之，人之性恶明矣。其善者，伪也。

问者曰："人之性恶，则礼义恶生？"应之曰：凡礼义者，是生于圣人之伪，非故生于人之性也。故陶人埏埴而为器，然则器生于工人之伪，非故生于人之性也。故工人斲木而成器，然则器生于工人之伪，非故生于人之性也。圣人积思虑，习伪故，以生礼义而起法度，然则礼义法度者，是生于圣人之伪，非故生于人之性也。若夫目好色，耳好听，口好味，心好利，骨体肤理好愉佚，是皆生于人之情性者也。感而自然，不待事而后生之者也。夫感而不能然，必且待事而后然者，谓之生于伪。是性伪之所生，其不同之征也。故圣人化性而起伪，伪起而生礼义，礼义生而制法度；然则礼义法度者，是圣人之所生也。故圣人之所以同于众，其不异于众者，性也。所以异而过众者，伪也。夫好利而欲得者，此人之情性也。假之有弟兄资财而分者，且顺情性，好利而欲得，若是则兄弟相拂夺矣。且化礼义之文理，若是则让乎国人矣。故顺情性则弟兄争矣，化礼义则让乎国人矣。凡人之欲为善者，为性恶也。夫薄愿厚，恶愿美，狭愿广，贫愿富，贱愿贵，苟无之中者，必求于外。故富而不愿财，贵而不愿埶，苟有之中者，必不及于外。用此观之，人之欲为善者，为性恶也。今人之性，固无礼义，故强学而求有之也。性不知礼义，故思虑而求知之也。然则性而已，则人无礼义，不知礼义。人无礼义则乱，不知礼义则悖。然则性而已，则悖乱在己。用此观之，人之性恶明矣。其善者，伪也。

孟子曰："人之性善。"曰：是不然。凡古今天下之所谓善者，正理平治也。所谓恶者，偏险悖乱也。是善恶之分也矣。今诚以人之性固正理平治邪？则有恶用圣王，恶用礼义哉？虽有圣王礼义，将曷加于正理平治也哉？今不然，人之性恶。故古者圣人以人之性恶，以为偏险而不正，悖乱而不治，故为之立君上之埶以临之，明礼义以化之，起法正以治之，重刑罚以禁之，使天下皆出于治合于善也。是圣王之治，而礼义之化也。今当试去君上之埶，无礼义之化，去法正之治，无刑罚之禁，倚而观天下民人之相与也。若是则夫强者害弱而夺之，众者暴寡而哗之，天下悖乱而相亡，不待顷矣。用此观之，然则人之性恶明矣。其善者，伪也。故善言古者，必有节于今；善言天者，必有征于人。凡论者贵其有辨合，有符验。故坐而言之，起而可设，张而可施行。今孟子曰："人之性善。"无辨合符验，坐而言之，起而不可设，张而不可施行，岂不过甚矣哉！故性善则去圣王，息礼义矣。性恶则与圣王，贵礼义矣。故檃栝之生，为枸木也；绳墨之起，为不直也；立君上，明礼义，为性恶也。用此观之，然则人之性恶明矣。其善者，伪也。直木不待檃栝而直者，其性直也。枸木必将待檃栝烝矫然后直者，以其性不直也。今人之性恶，必将待圣王之治，礼义之化，然后始出于治合于善也。用此观之，人之性恶明矣。其善者，伪也。

问者曰："礼义积伪者，是人之性，故圣人能生之也。"应之曰：是不然。夫陶人埏埴而生瓦，然则瓦埴岂陶人之性也哉？工人斲木而生器，然则器木岂工人之性也哉？夫圣人之于礼义也，辟则陶埏而生之也。然则礼义积伪者，岂人之本性也哉！凡人之性者，尧、舜之与桀、跖，其性一也；君子之与小人，其性一也。今将以礼义积伪为人之性邪？然则有曷贵尧、禹，曷贵君子矣哉？凡贵尧、禹、君子者，能化性，能起伪，伪起而生礼义。然则圣人之于礼义积伪也，亦由陶埏而为之也。用此观之，然则礼义积伪者，岂人之性也哉！所贱于桀、跖、小人者，从其性，顺其情，安恣睢以出乎贪利争夺。故人之性恶明矣。其善者，伪也。天非私曾骞孝己而外众人也，然而曾骞孝己，独厚于孝之实，而全于孝之名者，何也？以綦于礼义故也。天非私齐鲁之民而外秦人也，然而（秦人）于父子之义，夫妇之别，不如齐鲁之孝具敬文者，何也？以秦人之情性，安恣睢，慢于礼义故也。岂其性异矣哉？

"涂之人，可以为禹。"曷谓也? 曰: 凡禹之所以为禹者，以其为仁义法正也。然则仁义法正，有可知可能之理。然而涂之人也，皆有可以知仁义法正之质，皆有可以能仁义法正之具，然则其可以为禹明矣。今以仁义法正为固无可知可能之理邪? 然则唯禹不知仁义法正，不能仁义法正也。将使涂之人，固无可以知仁义法正之质，而固无可以能仁义法正之具邪? 然则涂之人也，且内不可以知父子之义，外不可以知君臣之正。今不然，涂之人者，皆内可以知父子之义，外可以知君臣之正，然则其可以知之质，可以能之具，其在涂之人明矣。今使涂之人者，以其可以知之质，可以能之具，本夫仁义法正之可知可能之理，可能之具，然则其可以为禹明矣。今使涂之人，伏术为学，专心一志，思索孰察，加日县久，积善而不息，则通于神明，参于天地矣。故圣人者，人之所积而致矣。曰: "圣可积而致，然而皆不可积，何也? "曰: 可以而不可使也。故小人可以为君子，而不肯为君子; 君子可以为小人，而不肯为小人。小人君子者，未尝不可以相为也。然而不相为者，可以而不可使也。故涂之人可以为禹，(未必然也。涂之人可以为禹)则然; 涂之人能为禹，则未必然也。虽不能为禹，无害可以为禹。足可以遍行天下，然而未尝有遍行天下者也。夫工匠农贾，未尝不可以相为事也，然而未尝能相为事也。用此观之，然则可以为，未必能也; 虽不能，无害可以为。然则能不能之与可不可，其不同远矣，其不可以相为明矣。尧问于舜曰: "人情何如? "舜对曰: "人情甚不美，又何问焉? 妻子具而孝衰于亲，嗜欲得而信衰于友，爵禄盈而忠衰于君。人之情乎！人之情乎！甚不美，又何问焉？"唯贤者为不然。有圣人之知者，有士君子之知者，有小人之知者，有役夫之知者。多言则文而类，终日议其所以，言之千举万变，其统类一也：是圣人之知也。少言则径而省，论而法，若佚之以绳：是士君子之知也。其言也谄，其行也悖，其举事多悔：是小人之知也。齐给便敏而无类，杂能旁魄而无用，析速粹孰而不急，不恤是非，不论曲直，以期胜人为意，是役夫之知也。有上勇者，有中勇者，有下勇者。天下有中，敢直其身。先王有道，敢行其意。上不循于乱世之君，下不俗于乱世之民。仁之所在无贫穷，仁之所亡无富贵。天下知之，则欲与天下同苦乐之。天下不知之，则傀然独立天地之间而不畏。是上勇也。礼恭而意俭，大齐信焉，而轻货财。贤者敢推而尚之，不肖者敢援而废之。是中勇也。轻身而重货，恬祸而广解，苟免，不恤是非然不然之情，以期胜人为意。是下勇也。繁弱、钜黍，古之良弓也。然而不得排擶则不能自正。桓公之葱，太公之阙，文王之录，庄君之曶，阖闾之干将、莫邪、钜阙、辟闾，此皆古之良剑也。然而不加砥厉则不能利，不得人力则不能断。骅骝、骐骥、纤离、绿耳，此皆古之良马也。然而必前有衔辔之制，后有鞭策之威，加之以造父之驭，然后一日而致千里也。夫人虽有性质美，而心辩知，必将求贤师而事之，择良友而友之。得贤师而事之，则所闻者，尧、舜、禹、汤之道也。得良友而友之，则所见者，忠、信、敬、让之行也。身日进于仁义而不自知也者，靡使然也。今与不善人处，则所闻者欺诬诈伪也，所见者污漫淫邪贪利之行也。身且加于刑戮而不自知者，靡使然也。

传曰:"不知其子,视其友;不知其君,视其左右。"靡而已矣! 靡而已矣!

韩非子·五蠹

上古之世，人民少而禽兽众，人民不胜禽兽虫蛇。有圣人作，构木为巢，以避群害，而民悦之，使王天下，号之曰有巢氏。民食果蓏蚌蛤，腥臊恶臭，而伤害腹胃，民多疾病。有圣人作，钻燧取火，以化腥臊，而民说之，使王天下，号之曰燧人氏。中古之世，天下大水，而鲧、禹决渎。近古之世，桀、纣暴乱，而汤、武征伐。今有构木钻燧于夏后氏之世者，必为鲧、禹笑矣。有决渎于殷周之世者，必为汤、武笑矣。然则今有美尧、舜、汤、武、禹之道于当今之世者，必为新圣笑矣。是以圣人不期循古，不法常可，论世之事，因为之备。

宋人有耕者，田中有株，兔走触株，折颈而死，因释其耒而守株，冀复得兔。兔不可复得，而身为宋国笑。今欲以先王之政，治当世之民，皆守株之类也。

古者，丈夫不耕，草木之实足食也；妇人不织，禽兽之皮足衣也。不事力而养足，人民少而财有余，故民不争。是以厚赏不行，重罚不用，而民自治。今人有五子不为多，子又有五子，大父未死，而有二十五孙。是以人民众而货财寡，事力劳而供养薄，故民争。虽倍赏累罚而不免于乱。尧之王天下也，有茅茨不剪，采椽不斫，粝砂之食，藜藿之羹，冬日麑裘，夏日葛衣，虽监门之服养，不亏于此矣。禹之王天下也，身执耒臿，以为民先，股无胈，胫不生毛，虽臣虏之劳，不苦于此矣。以是言之，夫古之让天下者，是去监门之养，而离臣虏之劳也。故传天下而不足多也。今之县令，一日身死，子孙累世絜驾，故人重之。是以人之于让也，轻辞古之天子，难去今之县令者，薄厚之实异也。夫山居而谷汲者，膢腊而相遗以水；泽居苦水者，买佣而决窦。故饥岁之春，幼弟不饷。穰岁之秋，疏客必食。非疏骨肉爱过客也，多少之实异也。是以古之易财，非仁也，财多也；今之争夺，非鄙也，财寡也。轻辞天子，非高也，势薄也；重争士橐，非下也，权重也。故圣人议多少、论薄厚为之政。故罚薄不为慈，诛严不为戾，称俗而行也。故事因于世，而备适于事。

古者文王处丰、镐之间，地方百里，行仁义而怀西戎，遂王天下。徐偃王处汉东，地方五百里，行仁义，割地而朝者三十有六国；荆文王恐其害己也，举兵伐徐，遂灭之。故文王行仁义而王天下，偃王行仁义而丧其国，是仁义用于古而不用于今也。故曰：世异则事异。当舜之时，有苗不服，禹将伐之，舜曰："不可。上德不厚而行武，非道也。"乃修教三年，执干戚舞，有苗乃服。共工之战，铁铦矩者及乎敌，铠甲不坚者伤乎体。是干戚用于古，不用于今也。故曰：事异则备变。上古竞于道德，中世逐于智谋，当今争于气力。齐将攻鲁，鲁使子贡说之，齐人曰："子言非不辩也，吾所欲者土地也，非斯言所谓也。"遂举兵伐鲁，去门十里以为界。故偃王仁义而徐亡，子贡辩智而鲁削。以是言之，夫仁义、辩智，非所以持国也。去偃王之仁，息子贡之智，循徐、鲁之力，使敌万乘，则齐、荆之欲，不得行于二国矣。

夫古今异俗，新故异备，如欲以宽缓之政，治急世之民，犹无辔策而御駻马，此不知之患也。

今儒、墨皆称先王兼爱天下，则视民如父母。何以明其然也？曰："司寇行刑，君为之不举乐；闻死刑之报，君为流涕。"此所举先王也。夫以君臣为如父子则必治，推是言之，是无乱父子也。人之情性，莫先于父母皆见爱，而未必治也。虽厚爱矣，奚遽不乱？今先王之爱民，不过父母之爱子，子未必不乱也，则民奚遽治哉！且夫以法行刑，而君为之流涕，此以效仁，非以为治也。夫垂泣不欲刑者，仁也；然而不可不刑者，法也。先王胜其法，不听其泣，则仁之不可以为治亦明矣。

且民者，固服于势，寡能怀于义。仲尼，天下圣人也，修行明道以游海内，海内说其仁、美其义，而为服役者七十人。盖贵仁者寡，能义者难也。故以天下之大，而为服役者七十人，而仁义者一人。鲁哀公，下主也，南面君国，境内之民，莫敢不臣。民者固服于势，势诚易以服人，故仲尼反为臣，而哀公顾为君。仲尼非怀其义，服其势也。故以义则仲尼不服于哀公，乘势则哀公臣仲尼。今学者之说人主也，不乘必胜之势，而曰"务行仁义则可以王"，是求人主之必及仲尼，而以势之凡民皆如列徒，此必不得之数也。今有不才之子，父母怒之弗为改，乡人谯之弗为动，师长教之弗为变。夫以父母之爱、乡人之行、师长之智，三美加焉，而终不动其胫毛，不改。州部之吏，操官兵，推公法，而求索奸人，然后恐惧，变其节，易其行矣。故父母之爱，不足以教子，必待州部之严刑者，民固骄于爱、听于威矣。故十仞之城，楼季弗能逾者，峭也；千仞之山，跛牂易牧者，夷也。故明王峭其法，而严其刑也。布帛寻常，庸人不释；铄金百溢，盗跖不掇。不必害，则不释寻常；必害手，则不掇百溢。故明主必其诛也。

是以赏莫如厚而信，使民利之；罚莫如重而必，使民畏之；法莫如一而固，使民知之。故主施赏不迁，行诛无赦。誉辅其赏，毁随其罚，则贤、不肖俱尽其力矣。

今则不然。其有功也爵之，而卑其士官也。以其耕作也赏之，而少其家业也。以其不收也外之，而高其轻世也。以其犯禁罪之，而多其有勇也。毁誉、赏罚之所加者，相与悖缪也，故法禁坏，而民愈乱。今兄弟被侵，必攻者，廉也；知友被辱，随仇者，贞也。廉贞之行成，而君上之法犯矣。人主尊贞廉之行，而忘犯禁之罪，故民程于勇，而吏不能胜也。不事力而衣食，谓之能；不战功而尊，则谓之贤。贤能之行成，而兵弱而地荒矣。人主说贤能之行，而忘兵弱地荒之祸，则私行立而公利灭矣。儒以文乱法，侠以武犯禁，而人主兼礼之，此所以乱也。夫离法者罪，而诸先王以文学取；犯禁者诛，而群侠以私剑养。故法之所非，君之所取；吏之所诛，上之所养也。法、趣、上、下，四相反也，而无所定，虽有十黄帝，不能治也。故行仁义者非所誉，誉之则害功。工文学者非所用，用之则乱法。

楚之有"直躬"，其父窃羊而谒之吏。令尹曰："杀之！"以为直于君而曲于父，报而罪之。以是观之，夫君之直臣，父子暴子也。鲁人从君战，三战三北。仲尼问其故，对曰："吾有老父，身死莫之养也。"仲尼以为孝，举而上之。以是观之，夫父之孝子，君之背臣也。故令尹诛而楚奸不上闻，仲尼赏而鲁民易降北。上下之利若是其异也，而人主兼举匹夫之行，而求致社稷之福，必不几矣。

古者，苍颉之作书也，自环者谓之私，背私谓之公。公私之相背也，乃苍颉固以知之矣。今以为同利者，不察之患也。然则为匹夫计者，莫如修行义而习文学。行义修则见信，见信则受事；文学习则为明师，为明师则显荣。此匹夫之美也。然则无功而受事，无爵而显荣，为政如此，则国必乱，主必危矣。故不相容之事，不可两立也。斩敌者受赏，而高慈惠之行；拔城者受爵禄，而信兼爱之说；坚甲厉兵以备难，而美荐绅之饰；富国以农，距敌恃卒，而贵文学之士；废敬上畏法之民，而养游侠私剑之属。举行如此，治强不可得也。国平养儒侠，难至用介士，所利非所用，所用非所利。是故服事者简其业，而于游学者日众，是世之所以乱也。

且世之所谓贤者，贞信之行也；所谓智者，微妙之言也。微妙之言，上智之所难知也。今为众人法，而以上智之所难知，则民无从识之矣。故糟糠不饱者，不务粱肉。短褐不完者，不待文绣。夫治世之事，急者不得，缓者非所务也。今所治之政，民间之事，夫妇所明知者不用，而慕上知之论，则其于治反矣。故微妙之言，非民务也。

若夫贤良贞信之行者，必将贵不欺之士。贵不欺之士者，亦无不欺之术也。布衣相与交,无富厚以相利,无威势以相惧也,故求不欺之士。今人主处制人之势,有一国之厚,重赏严诛,得操其柄,以修明术之所烛,虽有田常、子罕之臣,不敢欺也,奚待于不欺之士? 今贞信之士,不盈于十,而境内之官以百数,必任贞信之士,则人不足官。人不足官,则治者寡,而乱者众矣。

故明主之道,一法而不求智,固术而不慕信,故法不败,而群官无奸诈矣。

今人主之于言也,说其辩,而不求其当焉。其用于行也,美其声,而不责其功焉。是以天下之众,其谈言者,务为辨而不周于用。故举先王言仁义者盈廷,而政不免于乱。行身者,竞于为高而不合于功,故智士退处岩穴,归禄不受,而兵不免于弱。兵不免于弱,政不免于乱,此其故何也? 民之所誉,上之所礼,乱国之术也。今境内之民皆言治,藏商、管之法者家有之,而国愈贫,民耕者众,执末者寡也。境内皆言兵,藏孙、吴之书者家有之,而兵愈弱,言战者多,被甲者少也。故明主用其力,不听其言;赏其功,伐禁无用。故民尽死力以从其上。

夫耕之用力也劳,而民为之者,曰:可得以富也。战之事也危,而民为之者,曰:可得以贵也。今修文学,习言谈,则无耕之劳而有富之实,无战之危而有贵之尊,则人孰不为也? 是以百人事智,而一人用力。事智者众则法败,用力者寡则国贫,此世之所以乱也。

故明主之国,无书简之文,以法为教;无先王之语,以吏为师;无私剑之捍,以斩首为勇。是境内之民,其言谈者必轨于法，动作者归之于功，为勇者尽之于军。是故无事则国富，有事则兵强，此之谓王资。既畜王资，而承敌国之舋，超五帝，侔三王者，必此法也。

今则不然。士民纵恣于内，言谈者为势于外，外内称恶，以待强敌，不亦殆乎！故群臣之言外事者，非有分于从衡之党，则有仇雠之忠，而借力于国也。从者，合众弱以攻一强也；而衡者，事一强以攻众弱也：皆非所以持国也。今人臣之言衡者，皆曰："不事大，则遇敌受祸矣。"事大未必有实，则举图而委，效玺而请矣。献图则地削，效玺则名卑，地削则国削，名卑则政乱矣。事大为衡，未见其利也，而亡地乱政矣。人臣之言从者，皆曰："不救小而伐大，则失天下，失天下则国危，国危而主卑。"救小未必有实，则起兵而敌大矣。救小未必能存，而敌大未必不有疏，有疏则为强国制矣。出兵则军败，退守则城拔。救小为从，未见其利，而亡地败军矣。是故事强则以外权士官于内，救小则以内重求利于外。国利未立，封土厚禄至矣；主上虽卑，人臣尊矣；国地虽削，私家富矣。事成，则以权长重；事败，则以富退处。人主之听说也于其臣，事未成，则爵禄已尊矣；事败而弗诛，则游说之士，孰不为用矰缴之说而侥幸其后？故破国亡主以听言谈者之浮说，此其故，何也？是人君不明乎公私之利？不察当否之言，而诛罚不必其后也。

皆曰："外事，大可以王，小可以安。"夫王者能攻人者也，而安则不可攻也。强则能攻人者也，治则不可攻也。治强不可贵于外，内政之有也。今不行法术于内，而事智于外，则不至于治强矣。鄙谚曰："长袖善舞，多钱善贾。"此言多资之易为工也。故治强易为谋，弱乱难为计。故用于秦者，十变而谋希失；用于燕者，一变而计希得。非用于秦者必智，用于燕者必愚也，盖治乱之资异也。故周去秦为从，期年而举；卫离魏为衡，半岁而亡。是周灭于从，卫亡于衡也。使周、卫缓其从衡之计，而急其境内之治，明其法禁，必其赏罚，尽其地力以多其积，致其民死以坚其城守，天下得其地则其利少，攻其国则其伤大，万乘之国莫敢自顿于坚城之下，而使强敌裁其弊也。此必不亡之术也。舍必不亡之术而道必灭之事，治国者之过也。智困于内，而政乱于外，则亡不可振也。

民之政计，皆就安利如辟危穷。今为之攻战，进则死于敌，退则死于诛，则危矣。弃私家之事，而必汗马之劳，家困而上弗论，则穷矣。穷危之所在也，民安得勿避？故事私门而完解舍，解舍完则远战，远战则安。行货赂而袭当涂者则求得，求得则利，安利之所在，安得勿就？是以公民少而私人众矣。

夫明王治国之政，使其商工游食之民少而名卑，以趣本务而外末作。今世近习之请行，则官爵可买；官爵可买，则商工不卑也矣。奸财货贾得用于市，则商人不少矣。聚敛倍农，而致尊过耕战之士，则耿介之士寡，而高价之民多矣。

是故乱国之俗：其学者则称先王之道以籍仁义，盛容服而饰辩说，以疑当世之法，而贰人主之心。其言谈者，伪设诈称，借于外力，以成其私，而遗社稷之利。其带剑者，聚徒属，立节操，以显其名，而犯五官之禁。其患御者，积于私门，尽货赂而用重人之谒，退汗马之劳。其商工之民，修治苦窳之器，聚弗靡之财，蓄积待时，而侔农夫之利。此五者，邦之蠹也。人主不除此五蠹之民，不养耿介之士，则海内虽有破亡之国，削灭之朝，亦勿怪矣。

史记·魏其武安侯列传

司马迁

魏其侯窦婴者，孝文后从兄子也。父世观津人，喜宾客。孝文时，婴为吴相，病免。孝景初即位，为詹事。梁孝王者，孝景弟也，其母窦太后爱之。梁孝王朝，因昆弟燕饮。是时，上未立太子。酒酣，从容言曰："千秋之后传梁王。"太后欢。窦婴引卮酒敬上曰："天下者，高祖天下。父子相传，此汉之约也。上何以得擅传梁王？"太后由此憎窦婴。窦婴亦薄其官，因病免。太后除窦婴门籍，不得入朝请。

孝景三年，吴楚反，上察宗室诸窦，毋如窦婴贤，乃召婴。婴入见，固辞，谢病不足任。太后亦惭，于是上曰："天下方有急，王孙宁可让邪？"乃拜婴为大将军，赐金千斤。窦婴乃言袁盎、栾布诸名将贤士在家者进之。所赐金，陈之廊庑下，军吏过，辄令财取为用，金无入家者。窦婴守荥阳，监齐、赵兵。七国兵已尽破，封婴为魏其侯。诸游士宾客，争归魏其侯。孝景时，每朝议大事，条侯、魏其侯，诸列侯莫敢与亢礼。

孝景四年，立栗太子，使魏其侯为太子傅。孝景七年，栗太子废，魏其数争，不能得。魏其谢病，屏居蓝田南山之下。数月，诸宾客辩士说之，莫能来。梁人高遂乃说魏其曰："能富贵将军者，上也；能亲将军者，太后也。今将军傅太子，太子废而不能争，争不能得，又弗能死，自引谢病，拥赵女，屏闲处而不朝。相提而论，是自明扬主上之过。有如两宫螫将军，则妻子毋类矣。"魏其侯然之，乃遂起，朝请如故。

桃侯免相，窦太后数言魏其侯。孝景帝曰："太后岂以为臣有爱，不相魏其？魏其者，沾沾自喜耳，多易。难以为相，持重。"遂不用，用建陵侯卫绾为丞相。

武安侯田蚡者，孝景后同母弟也，生长陵。魏其已为大将军后，方盛。蚡为诸郎，未贵，往来侍酒魏其，跪起如子侄。及孝景晚节，蚡益贵幸，为太中大夫。蚡辩有口，学《盘盂》诸书。王太后贤之。孝景崩，即日太子立，称制。所镇抚，多有田蚡宾客计策。蚡弟田胜，皆以太后弟，孝景后三年，封蚡为武安侯，胜为周阳侯。

武安侯新用事，欲为相，卑下宾客，进名士家居者贵之，欲以倾魏其诸将相。建元元年，丞相绾病免，上议置丞相、太尉。籍福说武安侯曰："魏其贵久矣，天下士素归之。今将军初兴，未如魏其，即上以将军为丞相，必让魏其。魏其为丞相，将军必为太尉。太尉、丞相尊等耳，又有让贤名。"武安侯乃微言太后风上，于是乃以魏其侯为丞相，武安侯为太尉。籍福贺魏其侯，因吊曰："君侯资性，喜善疾恶。方今善人誉君侯，故至丞相。然君侯且疾恶，恶人众，亦且废君侯。君侯能兼容，则幸久；不能，今以毁去矣。"魏其不听。

魏其、武安俱好儒术，推毂赵绾为御史大夫，王臧为郎中令，迎鲁申公，欲设明堂。令诸侯就国除关，以礼为服制，以兴太平。举适诸窦宗室毋节行者，除其属籍。时诸外家为列侯，列侯多尚公主，皆不欲就国，以故毁日至窦太后。太后好黄老之言，而魏其、武安、赵绾、王臧等，务隆推儒术，贬道家言。是以窦太后滋不说魏其等。及建元二年，御史大夫赵绾请无奏事东宫。窦太后大怒，乃罢逐赵绾、王臧等，而免丞相、太尉。以柏至侯许昌为丞相，武强侯庄青翟为御史大夫。魏其、武安由此以侯家居。

武安侯虽不任职，以王太后故，亲幸，数言事，多效，天下吏士趋势利者，皆去魏其归武安。武安日益横。建元六年，窦太后崩，丞相昌、御史大夫青翟坐丧事不办，免，以武安侯蚡为丞相，以大司农韩安国为御史大夫。天下士、郡国诸侯愈益附武安。

武安者，貌侵，生贵甚。又以为诸侯王多长，上初即位，富于春秋，蚡以肺腑为京师相，非痛折节以礼诎之，天下不肃。当时是，丞相入奏事，坐语移日，所言皆听。荐人或起家至二千石，权移主上。上乃曰："君除吏已尽未？吾亦欲除吏！"尝请考工地益宅。上怒曰："君何不遂取武库！"是后乃退。尝召客饮，坐其兄盖侯南乡，自坐东乡，以为汉相尊，不可以兄故私桡。武安由此滋骄。治宅甲诸地，田园极膏腴，而市买郡县器物，相属于道。前堂罗钟鼓，立曲旃，后房妇女以百数。诸侯奉金玉狗马玩好，不可胜数。魏其失窦太后，益疏不用，无势。诸客稍稍自引而怠傲。唯灌将军独不失。故魏其日默默不得志，而独厚遇灌将军。

灌将军夫者，颍阴人也。夫父张孟，尝为颍阴侯婴舍人，得幸，因进之，至二千石，故蒙灌氏姓，为灌孟。吴、楚反时，颍阴侯灌何为将军，属太尉，请灌孟为校尉，夫与千人与父俱。灌孟年老，颍阴侯强请之，郁郁不得意，故战常陷坚，遂死吴军中。军法：父子俱从军，有死事，得以丧归。灌夫不肯随丧归，奋曰："愿取吴王若将军头以报父之仇。"于是，灌夫披甲持戟，募军中壮士所善愿从者数十人。及出壁门，莫敢前，独二人及从奴十余骑，驰入吴军，至吴将麾下，所杀伤数十人。不得前，复驰还，走入汉壁，皆亡其奴，独与一骑归。夫身中大创十余，适有万金良药，故得无死。夫创少瘳，又复请将军曰："吾益知吴壁中曲折，请复往。"将军壮义之，恐亡夫，乃言太尉。太尉乃固止之。吴已破，灌夫以此名闻天下。颍阴侯言之上，上以夫为中郎将。数月，坐法去。后家居长安，长安中诸公莫弗称之。孝景时，至代相。孝景崩，今上初即位，以为淮阳天下交劲兵处，故徙夫为淮阳太守。建元元年，入为太仆。二年，与长乐卫尉窦甫饮，轻重不得。夫醉，搏甫。甫，窦太后昆弟也。上恐太后诛夫，徙为燕相。数月，坐法去官，家居长安。

灌夫为人，刚直使酒，不好面谀。贵戚诸有势在己之右，不欲加礼，必陵之。诸士在己之左，愈贫贱，尤益敬，与钧。稠人广众，荐宠下辈，士亦以此多之。夫不喜文学，好任侠，已然诺。诸所与交通，无非豪杰大猾。家累数千万，食客日数十百人。陂池田园，宗族宾客为权利，横于颍川。颍川儿乃歌之曰："颍水清，灌氏宁；颍水浊，灌氏族。"

灌夫家居，虽富，然失势，卿相侍中宾客益衰。及魏其侯失势，亦欲倚灌夫，引绳批根生平慕之后弃之者。灌夫亦倚魏其而通列侯宗室为名高。两人相为引重，其游如父子然，相得欢甚无厌，恨相知晚也。

灌夫有服，过丞相。丞相从容曰："吾欲与仲孺过魏其侯，会仲孺有服。"灌夫曰："将军乃肯幸临，况魏其侯，夫安敢以服为解？请语魏其侯帐具，将军旦日蚤临！"武安许诺。灌夫俱语魏其侯，如所谓武安侯。魏其与其夫人益市牛酒，夜洒扫，早帐具至旦。平明，令门下候伺。至日中，丞相不来。魏其谓灌夫曰："丞相岂忘之哉？"灌夫不怿曰："夫以服请，宜往。"乃驾自往迎丞相。丞相特前戏许灌夫，殊无意往。及夫至门，丞相尚卧。于是夫入见曰："将军昨日幸许过魏其，魏其夫妻治具，自旦至今，未敢尝食。"武安鄂谢曰："吾昨日醉，忽忘与仲孺言！"乃驾往，又徐行，灌夫愈益怒。及饮，酒酣，夫起舞，属丞相，丞相不起，夫从坐上语侵之。魏其乃扶灌夫去，谢丞相。丞相卒饮至夜，极欢而去。

丞相尝使籍福请魏其城南田，魏其大望曰："老仆虽弃，将军虽贵，宁可以势夺乎？"不许。灌夫闻，怒骂籍福。籍福恶两人有郤，乃谩自好谢丞相，曰："魏其老且死，易忍，且待之。"已而武安闻魏其、灌夫实怒不予田，亦怒曰："魏其子尝杀人，蚡活之。蚡事魏其，无所不可，何爱数顷田？且灌夫何与也？吾不敢复求田！"武安由此大怨灌夫、魏其。

元光（四）三年春，丞相言："灌夫家在颍川，横甚，民苦之。请案。"上曰："此丞相事，何请？"灌夫亦持丞相阴事，为奸利。受淮南王金，与语言。宾客居间，遂止，俱解。夏，丞相取燕王女为夫人，有太后诏，召列侯宗室皆往贺。魏其侯过灌夫，欲与俱。夫谢曰："夫数以酒失，得过丞相，丞相今者又与夫有郄。"魏其曰："事已解。"强与俱。饮酒酣，武安起为寿，坐皆避席伏。已，魏其侯为寿，独故人避席耳，余半膝席。灌夫不悦，起行酒，至武安，武安膝席曰："不能满觞。"夫怒，因嘻笑曰："将军，贵人也，属之！"时武安不肯。行酒，次至临汝侯，临汝侯方与程不识耳语，又不避席。夫无所发怒，乃骂临汝侯曰："生平毁程不识不直一钱，今日长者为寿，乃效女儿呫嗫耳语！"武安谓灌夫曰："程、李俱东西宫卫尉，今众辱程将军，仲孺独不为李将军地乎？"灌夫曰："今日斩头陷胸，何知程、李乎？"坐乃起更衣，稍稍去。魏其侯去，麾灌夫出。武安遂怒曰："此吾骄灌夫罪。"乃令骑留灌夫。灌夫欲出不得。籍福起为谢，案灌夫项，令谢。夫愈怒，不肯谢。武安乃麾骑缚夫，置传室，召长史曰："今日召宗室有诏。"劾灌夫骂坐不敬，系居室。遂桉其前事，遣吏分曹逐捕诸灌氏之属，皆得弃市罪。魏其侯大愧，为资，使宾客请，莫能解。武安吏皆为耳目，诸灌氏皆亡匿。夫系，遂不得告言武安阴事。

魏其锐身为救灌夫，夫人谏魏其曰："灌将军得罪丞相，与太后家忤，宁可救邪？"魏其侯曰："侯自我得之，自我捐之，无所恨。且终不令仲孺独死，婴独生！"乃匿其家，窃出上书。立召入，具言灌夫醉饱事，不足诛。上然之，赐魏其食，曰："东朝廷辩之。"魏其之东朝，盛推灌夫之善，言其醉饱得过，乃丞相以他事诬罪之。武安又盛毁灌夫，所为横恣，罪逆不道。魏其度不可奈何,因言丞相短。武安曰:"天下幸而安乐无事,蚡得为肺腑,所好音乐、狗马、田宅。蚡所爱,倡优巧匠之属,不如魏其、灌夫日夜招聚天下豪杰壮士与论议,腹诽而心谤,不仰视天而俯画地,辟倪两宫间,幸天下有变,而欲有大功,臣乃不知魏其等所为!"于是上问朝臣:"两人孰是?"御史大夫韩安国曰:"魏其言'灌夫父死事,身荷戟驰入不测之吴军,身被数十创,名冠三军。此天下壮士,非有大恶,争杯酒,不足引他过以诛也'。魏其言是也。丞相亦言'灌夫通奸猾,侵细民,家累巨万,横恣颍川,凌轹宗室,侵犯骨肉,此所谓枝大于本,胫大于股,不折必披。'丞相言亦是。唯明主裁之!"主爵都尉汲黯是魏其。内史郑当时是魏其,后不敢坚对。余皆莫敢对。上怒内史曰:"公平生数言魏其、武安长短,今日廷论,局趣效辕下驹。吾并斩若属矣。"即罢起,入。上食太后,太后亦已使人候伺,具以告太后。太后怒,不食,曰:"今我在也,而人皆藉吾弟,令我百岁后,皆鱼肉之矣!且帝宁能为石人邪?此特帝在,即录录,设百岁后,是属宁有可信者乎?"上谢曰:"俱宗室外家,故廷辩之。不然,此一狱吏所决耳。"是时,郎中令石建为上分别言两人事。

武安已罢朝,出止车门,召御史大夫载,怒曰:"与长孺共一老秃翁,何为首鼠两端?"韩御史良久谓丞相曰:"君何不自喜?夫魏其毁君,君当免冠解印绶归,曰:'臣以肺腑,幸得待罪,因非其任,魏其皆是。'如此,上必多君有让,不废君。魏其必内愧,杜门齰舌自杀。今人毁君,君亦毁人,譬如贾竖女子争言，何其无大体也！"武安谢罪曰："争时急，不知出此！"

于是上使御史簿责魏其，所言灌夫颇不雠，欺谩，劾系都司空。孝景时，魏其常受遗诏曰："事有不便，以便宜论上。"及系，灌夫罪至族，事日急，诸公莫敢复明言于上，魏其乃使昆弟子上书言之，幸得复召见。书奏上，而案尚书，大行无遗诏，诏书独藏魏其家，家丞封。乃劾魏其矫先帝诏，罪当弃市。四（五）年十月，悉论灌夫及家属。魏其良久乃闻，闻即恚，病痱，不食欲死。或闻上无意杀魏其，魏其复食，治病，议定不死矣。乃有蜚语为恶言闻上，故以十二月晦，论弃市渭城。其春，武安侯病，专呼服谢罪，使巫视鬼者视之，见魏其、灌夫共守欲杀之，竟死。子恬嗣。

元朔三年，武安侯坐衣襜褕入宫，不敬。

淮南王安谋反，觉，治。王前朝，武安侯为太尉时，迎王至霸上，谓王曰："上未有太子，大王最贤，高祖孙，即宫车晏驾，非大王立，当谁哉？"淮南王大喜，厚遗金财物。上自魏其时，不直武安，特为太后故耳，及闻淮南王金事，曰："使武安侯在者，族矣！"

太史公曰：魏其、武安皆以外戚重。灌夫用一时决筴而名显，魏其之举以吴、楚。武安之贵在日月之际。然魏其不知时变，灌夫无术而不逊，两人相翼，乃成祸乱。武安负贵而好权，杯酒责望，陷彼两贤。呜呼哀哉！迁怒及人，命亦不延。众庶不载，竟被恶言。呜呼哀哉！祸所从来矣。

汉乐府四篇

战城南

战城南,死郭北,野死不葬乌可食。为我谓乌,且为客豪!野死谅不葬,腐肉安能去子逃? 水声激激,蒲苇冥冥; 枭骑战斗死,驽马徘徊鸣。梁筑室,何以南? 何以北? 禾黍不获君何食? 愿为忠臣安可得? 思子良臣,良臣诚可思,朝行出攻,暮不夜归!

有所思

有所思,乃在大海南。何用问遗君? 双珠玳瑁簪。用玉绍缭之。闻君有他心,拉杂摧烧之。摧烧之,当风扬其灰! 从今已往,勿复相思,相思与君绝! 鸡鸣狗吠,兄嫂当知之。妃呼狶! 秋风肃肃晨风飔,东方须臾高知之!

上　邪

上邪! 我欲与君相知,长命无绝衰。山无陵,江水为竭。冬雷震震夏雨雪，天地合，乃敢与君绝！

东门行

出东门，不顾归。来入门，怅欲悲。盎中无斗储，还视架上无悬衣。拔剑出门去，儿女牵衣啼："他家但愿富贵，贱妾与君共餔糜，共餔糜。上用沧浪天故，下为黄口小儿。今时清廉，难犯教言。君复自爱莫为非！今时清廉，难犯教言。君复自爱莫为非。""行，吾去为迟！""平慎行，望君归！"

三国志·诸葛亮传

陈 寿

诸葛亮字孔明，琅邪阳都人也，汉司隶校尉诸葛丰后也。父圭，字君贡，汉末为太山都丞。亮早孤，从父玄为袁术所署豫章太守，玄将亮及亮弟均之官。会汉朝更选朱皓代玄。玄素与荆州牧刘表有旧，往依之。玄卒，亮躬耕陇亩，好为《梁父吟》。身高八尺，每自比于管仲、乐毅，时人莫之许也。惟博陵崔州平、颍川徐庶元直与亮友善，谓为信然。

时先主屯新野。徐庶见先主，先主器之，谓先主曰："诸葛孔明者，卧龙也，将军岂愿见之乎？"先主曰："君与俱来。"庶曰："此人可就见，不可屈致也。将军宜枉驾顾之。"由是先主遂诣亮，凡三往乃见。因屏人曰："汉室倾颓，奸臣窃命，主上蒙尘。孤不度德量力，欲信大义于天下，而智术短浅，遂用猖獗，至于今日。然志犹未已，君谓计将安出？"亮答曰："自董卓已来，豪杰并起，跨州连郡者不可胜数。曹操比于袁绍，则名微而众寡，然操遂能克绍，以弱为强者，非惟天时，抑亦人谋也。今操已拥百万之众，挟天子以令诸侯，此诚不可与争锋。孙权据有江东，已历三世，国险而民附，贤能为之用，此可以为援而不可图也。荆州北据汉、沔,利尽南海,东连吴会,西通巴、蜀,此用武之国,而其主不能守,此殆天所以资将军,将军岂有意乎?益州险塞,沃野千里,天府之土,高祖因之以成帝业。刘璋暗弱,张鲁在北,民殷国富,而不知存恤,智能之士思得明君。将军既帝室之胄,信义著于四海,总揽英雄,思贤如渴,若跨有荆、益,保其岩阻,西和诸戎,南抚夷越,外结好孙权,内修政理。天下有变,则命一上将,将荆州之军以向宛、洛,将军身率益州之众,以出于秦川,百姓孰敢不箪食壶浆以迎将军者乎?诚如是,则霸业可成,汉室可兴矣。"先主曰:"善!"于是与亮情好日密。关羽、张飞等不悦,先主解之曰:"孤之有孔明,犹鱼之有水也,愿诸君勿复言。"羽、飞乃止。

刘表长子琦,亦深器亮。表受后妻之言,爱少子琮,不悦于琦。琦每欲与亮谋自安之术,亮辄拒塞,未与处画。琦乃将亮游观后园,共上高楼,饮宴之间,令人去梯。因请亮曰:"今日上不至天,下不至地,言出子口,入于吾耳,可以言未?"亮答曰:"君不见申生在内而危,重耳在外而安乎?"琦意感悟,阴规出计。会黄祖死,得出,遂为江夏太守。俄而表卒,琮闻曹公来征,遣使请降。先主在樊,闻之,率其众南行,亮与徐庶并从。为曹公所追,破获庶母。庶辞先主,而指其心曰:"本欲与将军共图霸之业者,以此方寸之地也。今已失老母,方寸乱矣,无益于事,请从此别。"遂诣曹公。

先主至于夏口。亮曰:"事急矣,请奉命求救于孙将军。"时权拥军在柴桑,观望成败。亮说权曰:"海内大乱,将军起兵，据有江东，刘豫州亦收众汉南，与曹操并争天下。今操芟夷大难，略已平矣，遂破荆州，威震四海。英雄无所用武，故豫州遁逃至此。将军量力而处之。若能以吴、越之众，与中国抗衡，不如早与之绝；若不能当，何不案兵束甲，北面而事之？今将军外托服从之名，而内怀犹豫之计，事急而不断，祸至无日矣！"权曰："苟如君言，刘豫州何不遂事之乎？"亮曰："田横，齐之壮士耳，犹守义不辱，况刘豫州王室之胄，英才盖世，众士慕仰，若水之归海，若事之不济，此乃天也，安能复为之下乎！"权勃然曰："吾不能举全吴之地，十万之众，受制于人，吾计决矣！非刘豫州莫可以当曹操者，然豫州新败之后，安能抗此难乎？"亮曰："豫州军虽败于长阪，今战士还者，及关羽水军，精甲万人，刘琦合江夏战士，亦不下万人。曹操之众，远来疲弊，闻追豫州，轻骑一日一夜行三百余里，此所谓'强弩之末，势不能穿鲁缟'者也。故兵法忌之，曰：'必蹶上将军。'且北方之人，不习水战；又荆州之民附操者，逼兵势耳，非心服也。今将军诚能命猛将，统兵数万，与豫州协规同力，破操军必矣。操军破，必北还，如此则荆、吴之势强，鼎足之形成矣。成败之机，在于今日。"权大悦，即遣周瑜、程普、鲁肃等水军三万，随亮诣先主，并力拒曹公。

曹公败于赤壁，引军归邺。先主遂收江南，以亮为军师中郎将，使督零陵、桂阳、长沙三郡，调其赋税，以充军实。建安十六年，益州牧刘璋遣法正迎先主，使击张鲁。亮与关羽镇荆州。先主自葭萌还攻璋，亮与张飞、赵云等率众溯江，分定郡县，与先主共围成都。成都平，以亮为军师将军，署左将军府事。先主外出，亮常镇守成都，足食足兵。

二十六年，群下劝先主称尊号，先主未许，亮说曰："昔吴汉、耿弇等初劝世祖即帝位，世祖辞让，前后数四，耿纯进言曰：'天下英雄，喁喁冀有所望。如不从议者，士大夫各归求主，无为从公也。'世祖感纯言深至，遂然诺之。今曹氏篡汉，天下无主，大王刘氏苗族，绍世而起，今即帝位，乃其宜也。士大夫随大王久勤苦者，亦欲望尺寸之功如纯言耳。"先主于是即帝位，策亮为丞相，曰："朕遭家不造，奉承大统，兢兢业业，不取康宁，思靖百姓，惧未能绥。于戏！丞相亮其悉朕意，无怠。辅朕之阙，助宣重光，以照明天下，君其勖哉！"亮以丞相录尚书事，假节。张飞卒后，领司隶校尉。

章武三年春，先主于永安病笃，召亮于成都，属以后事，谓亮曰："君才十倍曹丕，必能安国，终定大事。若嗣子可辅，辅之；如其不才，君可自取。"亮涕泣曰："臣敢竭股肱之力，效忠贞之节，继之以死！"先主又为诏敕后主曰："汝与丞相从事，事之如父。"

建兴元年，封亮武乡侯，开府治事。顷之，又领益州牧。政事无巨细，咸决于亮。南中诸郡，并皆叛乱，亮以新遭大丧，故未便加兵，且遣使聘吴，因结和亲，遂为与国。三年春，亮率众南征，其秋悉平。军资所出，国以富饶，乃治戎讲武，以俟大举。五年，率诸军北驻汉中，临发，上疏曰："先帝创业未半而中道崩殂，今天下三分，益州疲弊，此诚危急存亡之秋也。然侍卫之臣，不懈于内，忠志之士，忘身于外者，盖追先帝之殊遇，欲报之于陛下也。诚宜开张圣听,以光先帝遗德,恢弘志士之气,不宜妄自菲薄,引喻失义,以塞忠谏之路也。宫中府中,俱为一体,陟罚臧否,不宜异同。若有作奸犯科及为忠善者,宜付有司,论其刑赏,以昭陛下平明之理,不宜偏私,使内外异法也。侍中、侍郎郭攸之、费祎、董允等,此皆良实,志虑忠纯,是以先帝简拔以遗陛下。愚以为宫中之事,事无大小,悉以咨之,然后施行,必能裨补阙漏,有所广益。将军向宠,性行淑均,晓畅军事,试用于昔日,先帝称之曰能,是以众议举宠为督。愚以为营中之事,悉以咨之,必能使行陈和睦,优劣得所。亲贤臣,远小人,此先汉所以兴隆也;亲小人,远贤臣,此后汉所以倾颓也。先帝在时,每与臣论此事,未尝不叹息痛恨于桓、灵也。侍中、尚书、长史、参军,此悉贞良死节之臣,愿陛下亲之信之,则汉室之隆,可计日而待也。臣本布衣,躬耕于南阳,苟全性命于乱世,不求闻达于诸侯。先帝不以臣卑鄙,猥自枉屈,三顾臣于草庐之中,咨臣以当世之事,由是感激,遂许先帝以驱驰。后值倾覆,受任于败军之际,奉命于危难之间,尔来二十有一年矣。先帝知臣谨慎,故临崩寄臣以大事也。受命以来,夙夜忧叹,恐托付不效,以伤先帝之明,故五月渡泸,深入不毛。今南方已定,兵甲已足,当奖率三军,北定中原,庶竭驽钝,攘除奸凶,兴复汉室,还于旧都。此臣所以报先帝,而忠陛下之职分也。至于斟酌损益,进尽忠言,则攸之、祎、允之任也。愿陛下托臣以讨贼兴复之效,不效则治臣之罪,以告先帝之灵。责攸之、祎、允等之慢,以彰其咎。陛下亦宜自谋,以咨诹善道,察纳雅言,深追先帝遗诏。臣不胜受恩感激，今当远离，临表涕零，不知所言。"遂行，屯于沔阳。

六年春，扬声由斜谷道取郿，使赵云、邓芝为疑军，据箕谷，魏大将军曹真举众拒之，亮身率诸军，攻祁山，戎陈整齐，赏罚肃而号令明，南安、天水、安定三郡叛魏应亮，关中响震。魏明帝西镇长安，命张郃拒亮。亮使马谡督诸军在前，与郃战于街亭。谡违亮节度，举动失宜，大为张郃所破。亮拔西县千余家，还于汉中，戮谡以谢众。上疏曰："臣以弱才，叨窃非据，亲秉旄钺，以历三军。不能训章明法，临事而惧，至有街亭违命之阙，箕谷不戒之失，咎皆在臣，授任无方。臣明不知人，恤事多暗，《春秋》责帅，臣职是当。请自贬三等，以督厥咎。"于是以亮为右将军，行丞相事，所总统如前。

冬，亮复出散关，围陈仓，曹真拒之，亮粮尽而还。魏将军王双率骑追亮，亮与战，破之，斩双。七年，亮遣陈式攻武都、阴平。魏雍州刺史郭淮率众欲击式，亮自出至建威，淮退还，遂平二郡。诏策亮曰："街亭之役，咎由马谡，而君引愆，深自贬抑，重违君意，听顺所守。前年耀师，馘斩王双；今岁爰征，郭淮遁走。降集氐、羌，兴复二郡，威镇凶暴，功勋显然。方今天下骚扰，元恶未枭，君受大任，干国之重，而久自绝损，非所以光扬洪烈矣。今复君丞相，君其勿辞。"

九年，亮复出祁山，以木牛运，粮尽退军。与魏将张郃交战，射杀郃。十二年春，亮悉大众由斜谷出，以流马运，据武功五丈原，与司马宣王对于渭南。亮每患粮不继，使己志不申，是以分兵屯田，为久驻之基。耕者杂于渭滨居民之间，而百姓安堵，军无私焉。相持百余日。其年八月，亮疾病，卒于军，时年五十四。及军退，宣王案行其营垒处所，曰："天下奇才也！"

亮遗命葬汉中定军山，因山为坟，冢足容棺，敛以时服，不须器物。诏策曰："惟君体资文武，明睿笃诚，受遗托孤，匡辅联躬，继绝兴微，志存靖乱。爰整六师，无岁不征，神武赫然，威震八荒，将建殊功于季汉，参伊、周之巨勋。如何不吊，事临垂克，遘疾陨丧！联用伤悼，肝心若裂。夫崇德序功，纪行命谥，所以光昭将来，刊载不朽。今使使持节左中郎将杜琼，赠君丞相武乡侯印绶，谥君为忠武侯。魂而有灵，嘉兹宠荣。呜呼哀哉！呜呼哀哉！初，亮自表后主曰："成都有桑八百株，薄田十五顷，子弟衣食，自有余饶。至于臣在外任，无别调度，随身衣食，悉仰于官，不别治生，以长尺寸。若臣死之日，不使内有余帛，外有赢财，以负陛下。"及卒，如其所言。亮性长于巧思，损益连弩，木牛流马，皆出其意；推演兵法，作八陈图，咸得其要云。

亮言教书奏，多可观，别为一集。景耀六年春，诏为亮立庙于沔阳。秋，魏征西将军钟会征蜀，至汉川，祭亮之庙，令军士不得于亮墓所左右刍牧樵采。亮弟均，官至长水校尉。亮子瞻，嗣爵。

后汉书·党锢列传序

范 晔

　　孔子曰："性相近也，习相远也。"言嗜恶之本同，而迁染之涂异也。夫刻意则行不肆，牵物则其志流。是以圣人导人理性，裁抑宕佚，慎其所与，节其所偏，虽情品万区，质文异数，至于陶物振俗，其道一也。

　　叔末浇讹，王道陵缺，而犹假仁以效己，凭义以济功。举中于理，则强梁褫气；片言违正，则厮台解情。盖前哲之遗尘，有足求者。霸德既衰，狙诈萌起。强者以决胜为雄，弱者以诈劣受屈。至有画半策而绾万金，开一说而锡琛瑞。或从徒步而仕执珪，解草衣以升卿相。士之饰巧驰辩，以要能钓利者，不期而景从矣。自是爱尚相夺，与时回变，其风不可留，其敝不能反。及汉祖杖敛，武夫勃兴，宪令宽赊，文礼简阔，绪余四豪之烈，人怀陵上之心，轻死重气，怨惠必仇，令行私庭，权移匹庶，任侠之方，成其俗矣。自武帝以后，崇尚儒学，怀经协术，所在雾会，至有石渠分争之论，党同伐异之说，守文之徒，盛于时矣。至王莽专伪，终于篡国，忠义之流，耻见缨绂，遂乃荣华丘壑，甘足枯槁。虽中兴在运，汉德重开，而保身怀方，弥相慕袭，去就之节，重于时矣。逮桓、灵之间，主荒政缪，国命委于阉寺，士子羞与为伍，故匹夫抗愤，处士横议，遂乃激扬名声，互相题拂，品核公卿，裁量执政，婞直之风，于斯行矣。夫上好则下必甚，矫枉故直必过，其理然矣。若范滂、张俭之徒，清心忌恶，终陷党议，不其然乎？

初，桓帝为蠡吾侯，受学于甘陵周福，及即帝位，擢福为尚书。时同郡河南尹房植有名当朝，乡人为之谣曰："天下规矩房伯武，因师获印周仲进。"二家宾客，互相讥揣，遂各树朋徒，渐成尤隙，由是甘陵有南北部。党人之议，自此始矣。后汝南太守宗资任功曹范滂，南阳太守成瑨亦委功曹岑晊，二郡又为谣曰："汝南太守范孟博，南阳宗资主画诺。南阳太守岑公孝，弘农成瑨但坐啸。"因此流言转入太学，诸生三万余人，郭林宗、贾伟节为其冠，并与李膺、陈蕃、王畅更相褒重。学中语曰："天下模楷李元礼，不畏强御陈仲举，天下俊秀王叔茂。"又渤海公族进阶、扶风魏齐卿，并危言深论，不隐豪强。自公卿以下，莫不畏其贬议，屣履到门。时河内张成善说风角，推占当赦，遂教子杀人。李膺为河南尹，督促收捕，既而逢宥获免，膺愈怀愤疾，竟案杀之。初，成以方伎交通宦官，帝亦颇谇其占。成弟子牢修因上书诬告膺等养太学游士，交结诸郡生徒，更相驱驰，共为部党，诽讪朝廷，疑乱风俗。于是天子震怒，班下郡国，逮捕党人，布告天下，使同忿疾，遂收执膺等。其辞所连及陈寔之徒二百余人，或有逃遁不获，皆悬金购募。使者四出，相望于道。明年尚书霍谞、城门校尉窦武并表为请，帝意稍解，乃皆赦归田里，禁锢终身。而党人之名，犹书王府。自是正直废放，邪枉炽结。海内希风之流，遂共相标榜，指天下名士，为之称号。上曰"三君"，次曰"八俊"，次曰"八顾"，次曰"八及"，次曰"八厨"，犹古之"八元""八凯"也。窦武、刘淑、陈蕃为"三君"。君者，言一世之所宗也。李膺、荀昱、杜密、王畅、刘祐、魏朗、赵典、朱寓为"八俊"。俊者，言人之英也。郭林宗、宗慈、巴肃、夏馥、范滂、尹勋、蔡衍、羊陟为"八顾"。顾者，言能以德行引人者也。张俭、岑晊、刘表、陈翔、孔昱、苑康、檀敷、翟超为"八及"。及者，言其能导人追宗者也。度尚、张邈、王考、刘儒、胡母班、秦周、蕃向、王章为"八厨"。厨者，言能以财救人者也。又张俭乡人朱并，承望中常侍侯览意旨，上书告俭与同乡二十四人，别相署号，共为部党，图危社稷。以俭及檀彬、褚凤、张肃、薛兰、冯禧、魏玄、徐乾为"八俊"，田林、张隐、刘表、薛郁、王访、刘祇、宣靖、公绪恭为"八顾"，朱楷、田盘、疏耽、薛敦、宋布、唐龙、嬴咨、宣褒为"八及"，刻石立墠，共为部党，而俭为之魁。灵帝诏刊章捕俭等。大长秋曹节因此讽有司奏捕前党故司空虞放、太仆杜密、长乐少府李膺、司隶校尉朱寓、颍川太守巴肃、沛相荀昱、河内太守魏朗、山阳太守翟超、任城相刘儒、太尉掾范滂等百余人，皆死狱中。余或先殁不及，或亡命获免。自此诸为怨隙者，因相陷害，睚眦之忿，滥入党中。又州郡承旨，或有未尝交关，亦离祸毒。其死徙废禁者，六七百人。熹平五年，永昌太守曹鸾上书大讼党人，言甚方切。帝省奏大怒，即诏司隶、益州槛车收鸾，送槐里狱掠杀之。于是又诏州郡更考党人门生故吏父子兄弟，其在位者，免官禁锢，爰及五属。光和二年，上禄长和海上言："礼，从祖兄弟别居异财，恩义已轻，服属疏末。而今党人锢及五族，既乖典训之文，有谬经常之法。"帝览而悟之，党锢自从祖以下，皆得解释。中平元年，黄巾贼起，中常侍吕强言于帝曰："党锢久积，人情多怨。若久不赦宥，轻与张角合谋，为变滋大，悔之无救。"帝惧其言，乃大赦党人，诸徙之家，皆归故郡。其后黄巾遂盛，朝野崩离，纲纪文章荡然矣。

凡党事始自甘陵、汝南，成于李膺、张俭，海内涂炭，二十余年，诸所蔓衍，皆天下善士。三君、八俊等三十五人，其名迹存者，并载乎篇。陈蕃、窦武、王畅、刘表、度尚、郭林宗别有传。荀翌附祖《淑传》。张邈附《吕布传》。胡母班附《袁绍传》。王考字文祖，东平寿张人，冀州刺史。秦周字平王，陈留平丘人，北海相。蕃向字嘉景，鲁国人，郎中。王璋字伯仪，东莱曲城人，少府卿，位行并不显。翟超，山阳太守，事在《陈蕃传》，字及郡县未详。朱寓，沛人，与杜密等俱死狱中。唯赵典名见而已。

陶渊明诗四首

移　居

昔欲居南村，非为卜其宅。
闻多素心人，乐与数晨夕。
怀此颇有年，今日从兹役。
敝庐何必广，取足蔽床席。
邻曲时时来，抗言谈在昔。
奇文共欣赏，疑义相与析。

癸卯岁始春怀古田舍

先师有遗训，忧道不忧贫。
瞻望邈难逮，转欲志长勤。
秉耒欢时务，解颜劝农人。
平畴交远风，良苗亦怀新。
虽未量岁功，既事多所欣。
耕种有时息，行者无问津。

日入相与归, 壶浆劳近邻。
长吟掩柴门, 聊为陇亩民。

杂　诗

结庐在人境, 而无车马喧。
问君何能尔, 心远地自偏。
采菊东篱下, 悠然见南山。
山气日夕佳, 飞鸟相与还。
此中有真意, 欲辩已忘言。

读山海经

孟夏草木长, 绕屋树扶疏。
众鸟欣有托, 吾亦爱吾庐。
既耕亦已种, 时还读我书。
穷巷隔深辙, 颇回故人车。
欢言酌春酒, 摘我园中蔬。
微雨从东来, 好风与之俱。
泛览周王传, 流观山海图。
俯仰终宇宙, 不乐复何如?

世说新语十二则

刘义庆

孔文举年十岁,随父到洛。时李元礼有盛名,为司隶校尉,诣门者皆俊才清称及中表亲戚乃通。文举至门,谓吏曰:"我是李府君亲。"既通,前坐。元礼问曰:"君与仆有何亲?"对曰:"昔先君仲尼与君先人伯阳有师资之尊,是仆与君奕世为通好也。"元礼及宾客莫不奇之。太中大夫陈韪后至,人以其语语之。韪曰:"小时了了,大未必佳。"文举曰:"想君小时,必当了了。"韪大踧踖。(言语)

过江诸人,每至美日,辄相邀新亭,藉卉饮宴。周侯中坐而叹曰:"风景不殊,正自有山河之异。"皆相视流泪。唯王丞相愀然亮色曰:"当共戮力王室,克复神州,何至作楚囚相对?"(言语)

阮宣子有令闻,太尉王夷甫见而问曰:"老、庄与圣教同异?"对曰:"将无同。"太尉善其言,辟之为掾。世谓"三语掾"。卫玠嘲之曰:"一言可辟,何假于三!"宣子曰:"苟是天下人望,亦可无言而辟,复何假一!"遂相与为友。(文学)

谢太傅盘桓东山时,与孙兴公诸人泛海戏。风起浪涌,孙、王诸人色并遽,便唱使还。太傅神情方王,吟啸不言。舟人以公貌闲意说，犹去不止。既风转急，浪猛，诸人皆諠动不坐。公徐云："如此，将无归！"众人即承响而回。于是审其量，足以镇安朝野。（雅量）

周浚作安东时，行猎，值暴雨，过汝南李氏。李氏富足，而男子不在。有女名络秀，闻外有贵人，与一婢于内宰猪羊，作数十人饮食，事事精办，不闻有人声。密觇之，独见一女子，状貌非常。浚因求为妾，父兄不许。络秀曰："门户殄瘁，何惜一女？若连姻贵族，将来或大益。"父兄从之。遂生伯仁兄弟。络秀语伯仁等："我所以屈节为汝家作妾，门户计耳！汝若不与吾家作亲亲者，吾亦不惜余年。"伯仁等悉从命。由此李氏在世，得方幅齿遇。（贤媛）

陶公少有大志，家酷贫，与母湛氏同居。同郡范逵素知名，举孝廉，投侃宿。于时冰雪积日，侃室如悬磬，而逵马仆甚多。侃母湛氏语侃曰："汝但出外留客，吾自为计。"湛头发委地，下为二髲，卖得数斛米，斫诸屋柱，悉割半为薪，剉诸荐以为马草。日夕，遂设精食，从者皆无所乏。逵既叹其才辩，又深愧其厚意。明旦去，侃追送不已，且百里许。逵曰："路已远，君宜还。"侃犹不返，逵曰："卿可去矣！至洛阳，当相为美谈。"侃乃返。逵及洛，遂称之于羊晫、顾荣诸人，大获美誉。（贤媛）

阮步兵丧母，裴令公往吊之。阮方醉，散发坐床，箕踞不哭。裴至，下席于地。哭吊唁毕，便去。裴曰："阮方外之人，故不崇礼制。我辈俗中人，故以仪轨自居。"时人叹为两得其中。（任诞）

桓宣武少家贫，戏大输，债主敦求甚切，思自振之方，莫知所出。陈郡袁耽，俊迈多能，宣武欲求救于耽。耽时居艰，恐致疑，试以告焉，应声便许，略无愧客。遂变服，怀布帽，随温去与债主戏。耽素有艺名，债主就局曰："汝故当不办作袁彦道邪？"遂共戏。十万一掷，直上百万数。投马绝叫，傍若无人。探布帽掷对人曰："汝竟识袁彦道不？"（任诞）

王子猷居山阴，夜大雪，眠觉，开室命酌酒。四望皎然，因起彷徨，咏左思《招隐》诗。忽忆戴安道，时戴在剡，即便夜乘小船就之，经宿方至，造门不前而返。人问其故，王曰："吾本乘兴而行，兴尽而返，何必见戴？"（任诞）

桓南郡被召作太子洗马，船泊荻渚。王大服散后已小醉，往看桓。桓为设酒，不能冷饮，频语左右："令温酒来！"桓乃流涕鸣咽，王便欲去。桓以手巾掩泪，因谓王曰："犯我家讳，何预卿事？"王叹曰："灵宝故自达！"（任诞）

王子猷作桓车骑骑兵参军。桓问曰："卿何署？"答曰："不知何署，时见牵马来，似是马曹。"桓又问："官有几马，"答曰："不问马，何由知其数？"又问："马比死多少？"答曰："未知生，焉知死。"（简傲）

石崇与王恺争豪，并穷绮丽以饰舆服。武帝，恺之甥也，每助恺。尝以一珊瑚树高二尺许赐恺，枝柯扶疏，世罕其比。恺以示崇，崇视讫，以铁如意击之，应手而碎。恺既惋惜，又以为疾己之宝，声色甚厉。崇曰："不足恨，今还卿。"乃命左右悉取珊瑚树，有三尺、四尺、条干绝世，光彩溢目者六七枚，如恺许比甚众。恺惘然自失。（汰侈）

文心雕龙·神思

刘 勰

古人云:"形在江海之上,心存魏阙之下。"神思之谓也。文之思也,其神远矣。故寂然凝虑,思接千载,悄焉动容,视通万里。吟咏之间,吐纳珠玉之声;眉睫之前,卷舒风云之色;其思理之致乎?故思理为妙,神与物游。神居胸臆,而志气统其关键;物沿耳目,而辞令管其枢机。枢机方通,则物无隐貌;关键将塞,则神有遁心。是以陶钧文思,贵在虚静,疏瀹五藏,澡雪精神。积学以储宝,酌理以富才,研阅以穷照,驯致以绎辞,然后使玄解之宰,寻声律而定墨;独照之匠,窥意象而运斤。此盖驭文之首术,谋篇之大端。夫神思方运,万涂竞萌,规矩虚位,刻镂无形。登山则情满于山,观海则意溢于海。我才之多少,将与风云而并驱矣。方其搦翰,气倍辞前;暨乎篇成,半折心始。何则?意翻空而易奇,言征实而难巧也。是以意授于思,言授于意。密则无际,疏则千里。或理在方寸而求之域表,或义在咫尺而思隔山河。是以秉心养术,无务苦虑;含章司契,不必劳情也。

人之禀才,迟速异分;文之制体,大小殊功。相如含笔而腐毫,扬雄辍翰而惊梦,桓谭疾感于苦思,王充气竭于沉虑,张衡研京以十年，左思练都以一纪。虽有巨文，亦思之缓也。淮南崇朝而赋《骚》，枚皋应诏而成赋，子建援牍如口诵，仲宣举笔似宿构，阮瑀据案而制书，祢衡当食而草奏。虽有短篇，亦思之速也。若夫骏发之士，心总要术，敏在虑前，应机立断。覃思之人，情饶歧路，鉴在虑后，研虑方定。机敏故造次而成功，虑疑故愈久而致绩。难易虽殊，并资博练。若学浅而空迟，才疏而徒速，以斯成器，未之前闻。是以临篇缀虑，必有二患：理郁者苦贫，辞弱者伤乱。然则博见为馈贫之粮，贯一为拯乱之药。博而能一，亦有助乎心力矣。

若情数诡杂，体变迁贸，拙辞或孕于巧义，庸事或萌于新意。视布于麻，虽云未贵，杼轴献功，焕然乃珍。至于思表纤旨，文外曲致，言所不追，笔固知止。至精而后阐其妙，至变而后通其数，伊挚不能言鼎，轮扁不能语斤，其微矣乎！

赞曰：神用象通，情变所孕。物以貌求，心以理应。刻镂声律，萌芽比兴。结虑司契，垂帷制胜。

颜氏家训（节选）

颜之推

　　齐朝有一士大夫，尝谓吾曰："我有一儿，年已十七，颇晓书疏，教其鲜卑语及弹琵琶，稍欲通解，以此伏事公卿，无不宠爱，亦要事也。"吾时俯而不答。异哉，此人之教子也！若由此业，自致卿相，亦不愿汝曹为之。（教子）

　　齐吏部侍郎房文烈，未尝嗔怒，经霖雨绝粮，遣婢籴米，因尔逃窜，三四许日，方复擒之。房徐曰："举家无食，汝何处来？"竟无捶挞。尝寄人宅，奴婢彻屋为薪略尽，闻之颦蹙，卒无一言。裴子野有疏亲故属饥寒不能自济者，皆收养之；家素清贫，时逢水旱，二石米为薄粥，仅得遍焉，躬自同之，常无厌色。邺下有一领军，贪积已甚，家童八百，誓满一千；朝夕每人肴膳，以十五钱为率，遇有客旅，更无以兼。后坐事伏法，籍其家产，麻鞋一屋，弊衣数库，其余财宝，不可胜言。南阳有人，为生奥博，性殊俭吝，冬至后女婿谒之，乃设一铜瓯酒，数脔獐肉；婿恨其单率，一举尽之。主人愕然，俯仰命益，如此者再；退而责其女曰："某郎好酒，故汝常贫。"及其死后，诸子争财，兄遂杀弟。（治家）

　　梁朝全盛之时，贵游子弟，多无学术，至于谚云："上车不落则著作，体中何如则秘书。"无不熏衣剃面，傅粉施朱，驾长檐车，跟高齿屐，坐棋子方褥，凭斑丝隐囊，列器玩于左右，从容出入，望若神仙。明经求第，则顾人答策；三九公燕，则假手赋诗。当尔之时，亦快士也。及离乱之后，朝市迁革，铨衡选举，非复曩者之亲；当路秉权，不见昔时之党。求诸身而无所得，施之世而无所用。被褐而丧珠，失皮而露质，兀若枯木，泊若穷流，鹿独戎马之间，转死沟壑之际。当尔之时，诚驽材也。有学艺者，触地而安。自荒乱已来，诸见俘虏。虽百世小人，知读《论语》《孝经》者，尚为人师；虽千载冠冕，不晓书记者，莫不耕田养马。以此观之，安可不自勉耶？若能常保数百卷书，千载终不为小人也。（**勉学**）

齐世有席毗者，清干之士，官至行台尚书，嗤鄙文学，嘲刘逖云："君辈辞藻，譬若荣华，须臾之玩，非宏才也；岂比吾徒千丈松树，常有风霜，不可凋悴矣！"刘应之曰："既有寒木，又发春华，何如也？"席笑曰："可哉！"（**文章**）

吾见世人，清名登而金贝入，信誉显而然诺亏，不知后之矛戟，毁前之干橹也。虞子贱云："诚于此者形于彼。"人之虚实真伪在乎心，无不见乎迹，但察之未熟耳。一为察之所鉴，巧伪不如拙诚，承之以羞大矣。伯石让卿，王莽辞政，当于尔时，自以巧密；后人书之，留传万代，可为骨寒毛竖也。近有大贵，以孝著声，前后居丧，哀毁逾制，亦足以高于人矣。而尝于苫块之中，以巴豆涂脸，遂使成疮，表哭泣之过。左右童竖，不能掩之，益使外人谓其居处饮食，皆为不信。以一伪丧百诚者，乃贪名不已故

也。（名实）

梁世士大夫，皆尚褒衣博带，大冠高履，出则车舆，入则扶侍，郊郭之内，无乘马者。周弘正为宣城王所爱，给一果下马，常服御之，举朝以为放达。至乃尚书郎乘马，则纠劾之。及侯景之乱，肤脆骨柔，不堪行步，体羸气弱，不耐寒暑，坐死仓猝者，往往而然。建康令王复性既儒雅，未尝乘骑，见马嘶歕陆梁，莫不震慑，乃谓人曰："正是虎，何故名为马乎？"其风俗至此。（涉务）

真草书迹，微须留意。江南谚云："尺牍书疏，千里面目也。"承晋、宋余俗，相与事之，故无顿狼狈者。吾幼承门业，加性爱重，所见法书亦多，而瓱习功夫颇至，遂不能佳者，良由无分故也。然而此艺不须过精。夫巧者劳而智者忧，常为人所役使，更觉为累；韦仲将遗戒，深有以也。（杂艺）

大唐大慈恩寺三藏法师传（起长安终伊吾）

慧立　彦悰

　　法师既遍谒众师，备餐其说，详考其理，各擅宗途，验之圣典，亦隐显有异，莫知适从。乃誓游西方，以问所惑。并取《十七地论》以释众疑，即今之《瑜伽师地论》也。又言昔法显、智严亦一时之士，皆能求法，导利群生，岂使高迹无追，清风绝后。大丈夫会当继之。于是结侣陈表。有诏不许。诸人咸退，唯法师不屈。既方事孤游，又承西路艰崄，乃自试其心以人间众苦，种种调伏，堪任不退，然始入塔启请，申其意志，愿乞众圣冥加，使往还无梗。

　　又法师之生也，母梦法师着白衣西去。母曰："汝是我子，今欲何去？"答曰："为求法故去。"此则游方之先兆也。贞观三年秋八月，将欲首涂，又求祥瑞。乃夜梦见大海中有苏迷卢山，四宝所成，极为严丽。意欲登山，而洪涛汹涌，又无船筏。不以为惧，乃决意而入。忽见石莲华涌乎波外，应足而生，却而观之，随足而灭。须臾至山下，又峻峭不可上，试踊身自腾，有抟飙飒至，扶而上升。到山顶四望，廓然无复拥碍。喜而寤焉，遂即行矣。时年二十六也。

时有秦州僧孝达，在京学《涅槃经》，功毕还乡，遂与俱去。至秦州，停一宿。逢兰州伴，又随去。至兰州，一宿。遇凉州人送官马归，又随去。至彼停月余日。道俗请开《涅槃》《摄论》及《般若经》，法师皆为开发。凉州为河西都会，襟带西蕃葱左诸国，商侣往来，无有停绝。时开讲日，盛有其人，皆施珍宝，稽颡赞叹。归还，各向其君长称叹法师之美，云欲西来求法于婆罗门国。比是西域诸城，无不预发欢心，严洒而待。散会之日，珍施丰厚，金钱银钱白马无数。法师受一半然灯，余外并施诸寺。

时国政尚新，疆场未远。禁约百姓，不许出蕃。时李大亮为凉州都督，既奉严敕，防禁特切。有人报亮云："有僧从长安来，欲向西国，不知何意。"亮惧，追法师，问来由。法师报云："欲西求法。"亮闻之，逼还京。彼有慧威法师。河西之领袖，神悟聪哲。既重法师辞理，复闻求法之志，深生随喜。密遣二弟子，一曰慧琳，二曰道整，窃送向西。自是不敢公出，乃昼伏夜行，遂至瓜州。

时刺史独孤达闻法师至，甚欢喜，供事殷厚。法师因访西路，或有报云："从此北行五十余里，有瓠𬬻河，下广上狭，洄波甚急，深不可渡。上置玉门关，路必由之，即西境之襟喉也。关外西北，又有五烽，候望者居之。各相去百里，中无水草。五烽之外，即莫贺延碛伊吾国境。"闻之愁愦，所乘之马又死，不知计出。沉默经月余日。未发之间，凉州访牒又至。云："有僧字玄奘，欲入西蕃，所在州县，宜严候捉。"州吏李昌，崇信之士，心疑法师，遂密将牒呈。云："师不是此耶？"法师迟疑未报。昌曰："师须实语，必是，弟子为图之。"法师乃具实而答。昌闻深赞希有，曰："师实能尔者，为师毁却文书。"即于前裂坏之，仍云："师须早去。"自是益增忧惘，所从二小僧，道整先向燉煌，唯慧琳在。知其不堪远涉，亦放还。遂贸易得马一匹，但苦无人相引。即于所停寺弥勒像前启请，愿得一人相引渡关。其夜，寺有胡僧达摩梦法师坐一莲华向西而去。达摩私怪，旦而来白。法师心喜，为得行之征。然语达摩云："梦为虚妄，何足涉言？"更入道场礼请。俄有一胡人来，入礼佛，逐法师行一二三匝。问其姓名，云姓石字槃陀。此胡即请受戒，乃为授五戒。胡甚喜，辞还，少时，赍饼果更来。法师见其明健，貌又恭肃，遂告行意。胡人许诺，言送师过五烽。法师大喜，乃更贸衣资为买马而期焉。

明日，日欲下，遂入草间。须臾，彼胡更与一胡老翁乘一瘦老赤马相逐而至。法师心不怿，少胡曰："此翁极谙西路，来去伊吾三十余反，故共俱来，望有平章耳。"胡公因说："西路险恶，沙河阻远，鬼魅热风，过无免者。徒侣众多，犹数迷失，况师单独，如何可行？愿自揣量，勿轻身命。"法师报曰："贫道为求大法，发趣西方，若不至婆罗门国，终不东归，纵死中途，非所悔也。"胡翁曰："师必去，可乘我此马。此马往反伊吾已十五度，健而知道，师马少，不达。"法师乃窃念在长安将发志西方日，有术人何弘达者，诵咒占观，多有所中，法师令占行事，达曰："师得去，去状似乘一老赤瘦马，漆鞍桥，前有铁。"既睹胡人所乘马瘦赤，鞍漆有铁，与何君言合，心以为当。遂即换马，胡翁欢喜，礼敬而别。

　　于是装束，与少胡夜发。三更许，到河，遥见玉门关。去关上流十里许，两岸可阔丈余，傍有梧桐树丛。胡乃斩木为桥，布草填沙，驱马而过。法师既渡而喜。因解驾停憩，与胡人相去可五十余步。各下褥而眠。少时胡人乃拔刀而起，徐向法师，未到十步许又回。不知何意，疑有异心，即起诵经，念观音菩萨。胡人见，已还卧，遂眠。天欲明，法师唤令起，取水盥漱。解斋讫，欲发。胡人曰："弟子将前途险远，又无水草，唯五烽下有水，必须夜到，偷水而过。但一处被觉，即是死人。不如归还，用为安隐。"法师确然不回，乃俯仰而进。露刀张弓，命法师前行。法师不肯居前。胡人自行数里而住，曰："弟子不能去，家累既大，而王法不可忏也。"法师知其意，遂任还。胡人曰："师必不达，如被擒捉，相引奈何？"法师报曰："纵使切割此身如微尘者，终不相引。"为陈重誓，其意乃止。与马一匹，劳谢而别。因是孑然孤游沙漠矣。唯望骨聚马粪等渐进。顷间，忽有军众数百队，满沙碛间，乍行乍止，皆裘毼驼马之像，及旌旗槊纛之形，易貌移质，倏忽千变。遥瞻极著，渐近而微。法师初睹，谓为贼众，渐近见灭，乃知妖鬼。又闻空中声言："勿怖！勿怖！"由此稍安。

　　经八十余里，见第一烽。恐候者见，乃隐伏沙沟，至夜方发。到烽西，见水下饮。盥手讫，欲取皮囊盛水，有一箭飒来，几中于膝，须臾更一箭来，知为他见，乃大言曰："我是僧，从京师来。汝莫射我。"即牵马向烽，烽上人亦开门而出，相见，知是僧。将入见校尉王祥。祥命爇火令看曰："非我河西僧，实似京师来也。"具问行意。法师报曰："校尉颇闻凉州人说有僧玄奘欲向婆罗门国求法不?"答曰:"闻承奘师已东还,何因到此?"法师引示马上章疏及名字。彼乃信,仍言:"西路艰远,师终不达。今亦不与师罪。弟子燉煌人,欲送师向燉煌。彼有张皎法师,钦贤尚德,见师必喜,请就之。"法师对曰:"奘桑梓洛阳,少而慕道。两京知法之匠,吴蜀一艺之僧,无不负笈从之,穷其所解,对扬谈说,亦忝为时宗。欲养己修名,岂劣檀越燉煌耶?然恨佛化,经有不周,义有所阙,故无贪性命,不惮艰危,誓往西方,遵求遗法。檀越不相励勉,专劝退还,岂谓同厌尘劳,共树涅槃之因也。必欲拘留,任即刑罚。玄奘终不东移一步,以负先心。"祥闻之,悯然曰:"弟子多幸,得逢遇师,敢不随喜?师疲倦,且卧,待明自送,指示涂路。"遂拂筵安置。至晓,法师食讫。祥使人盛水及麨饼自送至十余里,云:"师从此路径向第四烽,彼人亦有善心,又是弟子宗骨,姓王名伯陇,至彼可言弟子遣师来。"泣拜而别。

既去,夜到第四烽,恐为留难,欲默取水而过。至水,未下间,飞箭已至。还如前报,即急向之,彼亦下来。入烽,烽官相问。答欲往天竺,路由于此。第一烽王祥校尉故遣相过。彼闻欢喜,留宿。更施大皮囊及马麦,相送,云:"师不须向第五烽,彼人疏率,恐生异图。可于此去百里许有野马泉,更取水。从此已去即莫贺延碛,长八百余里,古曰沙河。上无飞鸟,下无走兽,复无水草。"是时顾影唯一,但念观音菩萨及《般若心经》。初法师在蜀见一病人,身疮臭秽,衣服破污。愍将向寺,施与衣服饮食之直。病者惭愧，乃授法师此经，因常诵习。至沙河间，逢诸恶鬼，奇状异类，绕人前后，虽念观音不能令去，即诵此经，发声皆散。在危获济，实所凭焉。

时行百余里。失道，觅野马泉不得。下水欲饮，袋重失手覆之。千里行资，一朝斯罄。又路盘回，不知所趣。乃欲东归还第四烽。行十余里，自念我先发愿，若不至天竺，终不东归一步，今何故来？宁可就西而死，岂归东而生？于是旋辔，专念观音，西北而进。是时四顾茫然，人鸟俱绝。夜则妖魑举火，烂若繁星，昼则惊风拥沙，散如时雨。虽遇如是，心无所惧。但苦水尽，渴不能前。于是时四夜五日无一滴沾喉，口腹干燋，几将殒绝，不复能进。遂卧沙中，默念观音，虽困不舍。启菩萨曰："玄奘此行，不求财利，无冀名誉，但为无上正法来耳。仰惟菩萨慈念群生，以救苦为务，此为苦矣，宁不知耶？"如是告时，心心无辍。至第五夜半，忽有凉风触身，冷快如沐寒水，遂得目明，马亦能起。体既苏息，得少睡眠。即于睡中梦一大神，长数丈，执戟麾曰："何不强行而更卧也？"法师惊寤，进发。行可十里，马忽异路，制之不回。经数里，忽见青草数亩，下马恣食。去草十步，欲回转。又到一池，水甘澄镜澈。下而就饮，身命重全，人马俱得苏息。计此应非旧水草，固是菩萨慈悲为生。其志诚通神，皆此类也。即就草池一日停息，后日盛水取草进发。更经两日，方出流沙，到伊吾矣。此等危难百千，不能备叙。

史通·自序

刘知几

　　予幼奉庭训，早游文学。年在纨绮，便受《古文尚书》。每苦其辞艰琐，难为讽读。虽屡逢捶挞，而其业不成。尝闻家君为诸兄讲《春秋左氏传》，每废书而听。逮讲毕，即为诸兄说之。因窃叹曰："若使书皆如此，吾不复怠矣。"先君奇其意，于是始授以《左氏》，期年而讲诵都毕。于时年甫十有二矣。所讲虽未能深解，而大义略举。父兄欲令博观义疏，精此一经。辞以获麟已后，未见其事，乞且观余部，以广异闻。次又读《史》《汉》《三国志》。既欲知古今沿革，历数相承，于是触类而观，不假师训。自汉中兴已降，迄乎皇家实录，年十有七，而窥览略周。其所读书，多因假赁，虽部帙残缺，篇第有遗，至于叙事之纪纲，立言之梗概，亦粗知之矣。但于时将求仕进，兼习揣摩，至于专心诸史，我则未暇。

　　泊年登弱冠，射策登朝。于是思有余闲，获遂本愿。旅游京洛，颇积岁年，公私借书，恣情披阅。至如一代之史，分为数家，其间杂记小书，又竞为异说，莫不钻研穿凿，尽其利害。加以自小观书，喜谈名理。其所悟者，皆得之襟腑，非由染习。故始在总角，读班、谢两《汉》，便怪《前书》不应有《古今人表》，《后书》宜为更始立纪。当时闻者共责，以为童子何知，而敢轻议前哲？于是赧然自失，无辞以对。其后见《张衡》《范晔集》，果以二史为非。其有暗合于古人者，盖不可胜纪。始知流俗之士，难与之言。凡有异同，蓄诸方寸。及年以过立，言悟日多，常恨时无同好，可与言者。维东海徐坚，晚与之遇，相得甚欢。虽古者伯牙之识钟期，管仲之知鲍叔，不是过也。复有永城朱敬则、沛国刘允济、义兴薛谦光、河南元行冲、陈留吴兢、寿春裴怀古，亦以言议见许，道术相知。所有权扬，得尽怀抱。每云："德不孤，必有邻。"四海之内，知我者不过数子而已矣。

昔仲尼以睿圣明哲，天纵多能，睹史籍之繁文，惧览之者之不一，删《诗》为三百篇，约史记以修《春秋》，赞《易》道以黜八索，述《职方》以除九丘。讨论坟、典，断自唐、虞，以迄于周。其文不刊，为后王法。自兹厥后，史籍逾多，苟非命世大才，孰能刊正其失？嗟予小子，敢当此任？其于史传也，尝欲自班、马已降，讫于姚、李、令狐、颜、孔诸书，莫不因其旧义，普加厘革。但以无夫子之名，而辄行夫子之事，将恐致惊末俗，取咎时人，徒有其劳，而莫之见赏。所以每握管叹息迟回者久之。非欲之而不能，实能之而不敢也。

既朝廷有知意者，遂以载笔见推。由是三为史臣，再入东观。每惟皇家受命，多历年所，史官所编，粗惟纪录。至于纪传及志，则皆未有其书。长安中，会奉诏预修《唐史》。及今上即位，又敕撰《则天大圣皇后实录》。凡所著述，尝欲行其旧议。

而当时同作诸士及监修贵臣，每与其凿枘相违，龃龉难入。故其所载削，皆与俗浮沉。虽自谓依违苟从，然犹大为史官所嫉。嗟乎！虽任当其职，而吾道不行。见用于时，而美志不遂。郁怏孤愤，无以寄怀。必寝而不言，嘿而无述，又恐没世之后，谁知予者。故退而私撰《史通》，以见其志。

昔汉世刘安著书，号曰《淮南子》。其书牢笼天地，博极古今，上自太公，下至商鞅。其错综经纬，自谓兼于数家，无遗力矣。然自《淮南》已后，作者无绝。必商榷而言，则其流又众。盖仲尼既殁，微言不行。史公著书，是非多谬。由是百家诸子，诡说异辞，务为小辨，破彼大道，故扬雄《法言》生焉。儒者之书，博而寡要，得其糟粕，失其菁华。而流俗鄙夫，贵远贱近，传兹牴牾，自相欺惑，故王充《论衡》生焉。民者冥也，冥然罔知。率彼愚蒙，墙面而视。或讹音鄙句，莫究本源，或守株胶柱，动多拘忌，故应劭《风俗通》生焉。五常异禀，百行殊执，能有兼偏，知有长短，苟随才而任使，则片善不遗，必求备而后用，则举世莫可，故刘劭《人物志》生焉。夫开国承家，立身立事，一文一武，或出或处，虽贤愚壤隔，善恶区分，苟时无品藻，则理难铨综，故陆景《典语》生焉。词人属文，其体非一，譬甘辛殊味，丹素异彩，后来祖述，识昧圆通，家有诋诃，人相掎摭，故刘勰《文心》生焉。若《史通》之为书也，盖伤当时载笔之士，其义不纯。思欲辨其指归，殚其体统。夫其书虽以史为主，而余波所及，上穷王道，下掞人伦，总括万殊，包吞千有。自《法言》已降，迄于《文心》而往，固以纳诸胸中，曾惬不芥者矣。夫其为义也，有与夺焉，有褒贬焉，有鉴诫焉，有讽刺焉。其为贯穿者深矣，其为网罗者密矣，其所商略者远矣，其所发明者多矣。盖谈经者恶闻服、杜之嗤，论史者憎言班、马之失。而此书多讥往哲，喜述前非。获罪于时，固其宜矣。犹冀知音君子，时有观焉。尼父有云："罪我者《春秋》，知我者《春秋》。"抑斯之谓也。

　　昔梁征士刘孝标作《叙传》，其自比于冯敬通者有三。而予辄不自揆，亦窃比于扬子云者有四焉。何者？扬雄尝好雕虫小伎，老而悔其少作。余幼喜诗赋，而壮都不为，耻以文士得名，期以述者自命。其似一也。扬雄草《玄》，累年不就，当时闻者，莫不哂其徒劳。余撰《史通》，亦屡移寒暑。悠悠尘俗，共以为愚。其似二也。扬雄撰《法言》，时人竞尤其妄，故作《解嘲》以训之。余著《史通》，见者亦互言其短，故作《释蒙》以拒之。其似三也。扬雄少为范逡、刘歆所重，及闻其撰《太玄经》，则嘲以恐盖酱瓿。然刘、范之重雄者，盖贵其文彩若《长扬》《羽猎》之流耳。如《太玄》深奥，理难探赜。既绝窥逾，故加讥诮。余初好文笔，颇获誉于当时。晚谈史传，遂减价于知己。其似四也。夫才唯下劣，而迹类先贤。是用铭之于心，持以自慰。抑犹有遗恨，惧不似扬雄者有一焉。何者？雄之《玄经》始成，虽为当时所贱，而桓谭以为数百年外，其书必传。其后张衡、陆绩果以为绝伦参圣。夫以《史通》方诸《太玄》，今之君山，即徐、朱等数君是也。后来张、陆，则未之知耳。嗟乎！傥使平子不出，公纪不生，将恐此书与粪土同捐，烟烬俱灭。后之识者，无得而观。此予所以抚卷涟洏，泪尽而继之以血也。

感遇诗（选录）

陈子昂

圣人不利己，忧济在元元。黄屋非尧意，瑶台安可论。吾闻西方化，清净道弥敦。奈何穷金玉，雕刻以为尊。云构山林尽，瑶图珠翠烦。鬼工尚未可，人力安能存。夸愚适增累，矜智道逾昏。

翡翠巢南海，雄雌珠树林。何知美人意，骄爱比黄金。杀身炎州里，委羽玉堂阴。旖旎光首饰，葳蕤烂锦衾。岂不在遐远，虞罗忽见寻。多材信为累，叹息此珍禽。

丁亥岁云暮，西山事甲兵。赢粮匝邛道，荷戟争羌城。严冬阴风劲，穷岫泄云生。昏曀无昼夜，羽檄复相惊。拳踢竞万仞，崩危走九冥。籍籍峰壑里，哀哀冰雪行。圣人御宇宙，闻道泰阶平。肉食谋何失，藜藿缅纵横。

朝入云中郡，北望单于台。胡兵何密迩，沙朔气雄哉。藉藉天骄子，猖狂已复来。塞垣无名将，亭堠空崔嵬。咄嗟吾何叹，边人涂草莱。

李白诗四首

赠汪伦

李白乘舟将欲行，忽闻岸上踏歌声。桃花潭水深千尺，不及汪伦送我情。

送孟浩然之广陵

故人西辞黄鹤楼，烟花三月下扬州。孤帆远影碧空尽，唯见长江天际流。

下江陵

朝辞白帝彩云间，千里江陵一日还。两岸猿声啼不住，轻舟已过万重山。

越中怀古

　　越王勾践破吴归，战士还家尽锦衣。宫女如花满春殿，只今惟有鹧鸪飞。

杜甫诗七首

自京赴奉先县咏怀五百字

杜陵有布衣，老大意转拙。许身一何愚，窃比稷与契。居然成濩落，白首甘契阔。盖棺事则已，此志常觊豁。穷年忧黎元，叹息肠内热。取笑同学翁，浩歌弥激烈。非无江海志，潇洒送日月。生逢尧舜君，不忍便永诀。当今廊庙具，构厦岂云缺？葵藿倾太阳，物性固难夺。顾惟蝼蚁辈，但自求其穴。胡为慕大鲸，辄拟偃溟渤？以兹悟生理，独耻事干谒。兀兀遂至今，忍为尘埃没？终愧巢与由，未能易其节。沉饮聊自适，放歌破愁绝。岁暮百草零，疾风高冈裂。天衢阴峥嵘，客子中夜发。霜严衣带断，指直不得结。凌晨过骊山，御榻在嵽嵲。蚩尤塞寒空，蹴踏崖谷滑。瑶池气郁律，羽林相摩戛。君臣留欢娱，乐动殷胶葛。赐浴皆长缨，与宴非短褐。彤庭所分帛，本自寒女出。鞭挞其夫家，聚敛贡城阙。圣人筐篚恩，实欲邦国活。臣如忽至理，君岂弃此物？多士盈朝廷，仁者宜战栗。况闻内金盘，尽在卫霍室。中堂舞神仙，烟雾散玉质。暖客貂鼠裘，悲管逐清瑟。劝客驼蹄羹，香橙压香橘。朱门酒肉臭，路有冻死骨。荣枯咫尺异，惆怅难再述。北辕就泾渭，官渡又改辙。群冰从西下，极目高崒兀。疑是崆峒来，恐触天柱折。河梁幸未坼，枝撑声窸窣。行李相攀援，川广不可越。老妻寄异县，十口隔风雪。谁能久不顾，庶往共饥渴。入门闻号咷，幼子饥已卒。吾宁舍一哀，里巷亦呜咽。所愧为人父，无食致夭折。岂知秋禾登，贫窭有仓卒？生常免租税，名不隶征伐。抚迹犹酸辛，平人固骚屑。默思失业徒，因念远戍卒。忧端齐终南，澒洞不可掇。

无家别

寂寞天宝后，园庐但蒿藜。我里百余家，世乱各东西。存者无消息，死者为尘泥。贱子因阵败，归来寻旧蹊。久行见空巷，日瘦气惨凄，但对狐与狸，竖毛怒我啼。四邻何所有，一二老寡妻。宿鸟恋本枝，安辞且穷栖。方春独荷锄，日暮还灌畦。县吏知我至，召令习鼓鞞。虽从本州役，内顾无所携。近行止一身，远去终转迷。家乡既荡尽，远近理亦齐。永痛长病母，五年委沟溪。生我不得力，终身两酸嘶。人生无家别，何以为蒸黎。

哀江头

少陵野老吞声哭，春日潜行曲江曲。江头宫殿锁千门，细柳新蒲为谁绿？忆昔霓旌下南苑，苑中万物生颜色。昭阳殿里第一人，同辇随君侍君侧。辇前才人带弓箭，白马嚼啮黄金勒。

翻身一笑仰射云，一箭正坠双飞翼。明眸皓齿今何在，血污游魂归不得。清渭东流剑阁深，去住彼此无消息。人生有情泪沾臆，江水江花岂终极。黄昏胡骑尘满城，欲往城南望城北。

送　远

带甲满天地，胡为君远行！亲朋尽一哭，鞍马去孤城。草木岁月晚，关河霜雪清。别离已昨日，因见古人情。

倦　夜

竹凉侵卧内，野月满庭隅。重露成涓滴，稀星乍有无。暗飞萤自照，水宿鸟相呼。万事干戈里，空悲清夜徂。

闻官军收河南河北

剑外忽传收蓟北，初闻涕泪满衣裳。却看妻子愁何在，漫卷诗书喜欲狂。白日放歌须纵酒，青春作伴好还乡。即从巴峡穿巫峡，便下襄阳向洛阳。

登　楼

花近高楼伤客心，万方多难此登临。锦江春色来天地，玉垒浮云变古今。北极朝廷终不改，西山寇盗莫相侵。可怜后主还祠庙，日暮聊为《梁甫吟》。

韩愈文两篇

原　道

博爱之谓仁，行而宜之之谓义。由是而之焉之谓道，足乎己无待于外之谓德。仁与义为定名，道与德为虚位。故道有君子小人，而德有凶有吉。

老子之小仁义，非毁之也，其见者小也。坐井而观天，曰天小者，非天小也。彼以煦煦为仁，孑孑为义，其小之也则宜。其所谓道，道其所道，非吾所谓道也；其所谓德，德其所德，非吾所谓德也。凡吾所谓道德云者，合仁与义言之也，天下之公言也。老子之所谓道德云者，去仁与义言之也，一人之私言也

周道衰，孔子没。火于秦，黄老于汉，佛于晋、魏、梁、隋之间。其言道德仁义者，不入于杨，则入于墨。不入于老，则入于佛。入于彼，必出于此。入者主之，出者奴之；入者附之，出者污之。噫！后之人其欲闻仁义道德之说，孰从而听之？老者曰："孔子，吾师之弟子也。"佛者曰："孔子，吾师之弟子也。"为孔子者，习闻其说，乐其诞而自小也，亦曰："吾师亦尝师之"云尔。不惟举之于其口，而又笔之于其书。噫！后之人虽欲闻仁义

道德之说，其孰从而求之? 甚矣! 人之好怪也, 不求其端, 不讯其末, 惟怪之欲闻。

古之为民者四, 今之为民者六。古之教者处其一, 今之教者处其三。农之家一, 而食粟之家六。工之家一, 而用器之家六。贾之家一, 而资焉之家六。奈之何民不穷且盗也!

古之时, 人之害多矣。有圣人者立, 然后教之以相生养之道。为之君, 为之师, 驱其虫蛇禽兽, 而处之中土。寒, 然后为之衣。饥, 然后为之食。木处而颠, 土处而病也, 然后为之宫室。为之工, 以赡其器用。为之贾, 以通其有无。为之医药, 以济其夭死。为之葬埋祭祀, 以长其恩爱。为之礼, 以次其先后。为之乐, 以宣其湮郁。为之政, 以率其怠倦。为之刑, 以锄其强梗。相欺也, 为之符玺、斗斛、权衡以信之。相夺也, 为之城郭、甲兵以守之。害至而为之备, 患生而为之防。今其言曰:"圣人不死, 大盗不止。剖斗折衡, 而民不争。" 呜呼! 其亦不思而已矣! 如古之无圣人, 人之类灭久矣。何也? 无羽毛鳞介以居寒热也, 无爪牙以争食也。

是故君者, 出令者也。臣者, 行君之令而致之民者也。民者, 出粟米麻丝, 作器皿, 通货财, 以事其上者也。君不出令, 则失其所以为君。臣不行君之令而致之民, 则失其所以为臣。民不出粟米麻丝, 作器皿, 通货财, 以事其上, 则诛。今其法曰:"必弃而君臣, 去而父子, 禁而相生养之道。" 以求其所谓清净寂灭者。呜呼! 其亦幸而出于三代之后, 不见黜于禹、汤、文、武、周公、孔子也。其亦不幸而不出于三代之前, 不见正于禹、汤、文、武、周公、孔子也。帝之与王，其号名殊，其所以为圣一也。夏葛而冬裘，渴饮而饥食，其事殊，其所以为智一也。今其言曰："曷不为太古之无事？"是亦责冬之裘者曰："曷不为葛之之易也？"责饥之食者曰："曷不为饮之之易也。"

传曰："古之欲明明德于天下者，先治其国。欲治其国者，先齐其家。欲齐其家者，先修其身。欲修其身者，先正其心。欲正其心者，先诚其意。"然则古之所谓正心而诚意者，将以有为也。今也欲治其心，而外天下国家，灭其天常；子焉而不父其父，臣焉而不君其君，民焉而不事其事。孔子之作《春秋》也，诸侯用夷礼，则夷之，进于中国，则中国之。经曰："夷狄之有君，不如诸夏之亡！"《诗》曰："戎狄是膺，荆舒是惩。"今之举夷狄之法，而加之先王之教之上，几何其不胥而为夷也！

夫所谓先王之教者，何也？博爱之谓仁，行而宜之之谓义，由是而之焉之谓道，足乎己无待于外之谓德。其文，《诗》《书》《易》《春秋》；其法，礼乐刑政；其民，士农工贾；其位，君臣父子师友宾主昆弟夫妇；其服，麻丝；其居，宫室；其食，粟米果蔬鱼肉：其为道易明，而其为教易行也。是故以之为己，则顺而祥；以之为人，则爱而公；以之为心，则和而平；以之为天下国家，无所处而不当。是故生则得其情，死则尽其常；郊焉而天神假，庙焉而人鬼飨。

曰："斯道也，何道也？"曰："斯吾所谓道也，非向所谓老与佛之道也。"尧以是传之舜，舜以是传之禹，禹以是传之汤，汤以是传之文、武、周公，文、武、周公传之孔子，孔子传之孟轲。轲之死,不得其传焉。荀与扬也,择焉而不精,语焉而不详。由周公而上,上而为君,故其事行;由周公而下,下而为臣,故其说长。

然则如之何而可也?曰:"不塞不流,不止不行。人其人,火其书,庐其居,明先王之道以道之,鳏寡孤独废疾者,有养也,其亦庶乎其可也。"

山 石

山石荦确行径微,黄昏到寺蝙蝠飞。升堂坐阶新雨足,芭蕉叶大支子肥。僧言古壁佛画好,以火来照所见稀。铺床拂席置羹饭,疏粝亦足饱我饥。夜深静卧百虫绝,清月出岭光入扉。天明独去无道路,出入高下穷烟霏。山红涧碧纷烂漫,时见松枥皆十围。当流赤足踏涧石,水声激激风吹衣。人生如此自可乐,岂必局束为人鞿?嗟哉吾党二三子,安得至老不更归。

与元九书

白居易

　　月日，居易白。微之足下：自足下谪江陵至于今，凡枉赠答诗仅百篇。每诗来，或辱序，或辱书，冠于卷首，皆所以陈古今歌诗之义，且自叙为文因缘，与年月之远近也。仆既受足下诗，又谕足下此意，常欲承答来旨，粗论歌诗大端，并自述为文之意，总为一书，致足下前。累岁已来，牵故少暇，间有容隙，或欲为之。又自思所陈，亦无出足下之见；临纸复罢者数四，卒不能成就其志，以至于今。今俟罪浔阳，除盥栉食寝外无余事，因览足下去通州日所留新旧文二十六轴，开卷得意，忽如会面，心所畜者，便欲快言，往往自疑，不知相去万里也。既而愤悱之气，思有所浊，遂追就前志，勉为此书，足下幸试为仆留意一省。

　　夫文尚矣，三才各有文。天之文三光首之，地之文五材首之，人之文《六经》首之。就《六经》言，《诗》又首之。何者？圣人感人心而天下和平。感人心者，莫先乎情，莫始乎言，莫切乎声，莫深乎义。诗者，根情，苗言，华声，实义。上自圣贤，下至愚騃，微及豚鱼，幽及鬼神。群分而气同，形异而情一。未有声入而不应、情交而不感者。圣人知其然，因其言，经之以六义；缘其声，纬之以五音。音有韵，义有类。韵协则言顺，言顺则声易入；类举则情见，情见则感易交。于是乎孕大含深，贯微洞密，上下通而一气泰，忧乐合而百志熙。五帝三皇所以直道而行、垂拱而理者，揭此以为大柄，决此以为大窦也。

故闻"元首明，股肱良"之歌，则知虞道昌矣。闻五子洛汭之歌，则知夏政荒矣。言者无罪，闻者足诫。言者闻者，莫不两尽其心焉。洎周衰秦兴，采诗官废，上不以诗补察时政，下不以歌泄导人情。乃至于谄成之风动，救失之道缺。于时六义始刓矣。《国风》变为《骚辞》，五言始于苏、李。苏李骚人，皆不遇者，各系其志，发而为文。故"河梁"之句，止于伤别；"泽畔"之吟，归于怨思。彷徨抑郁，不暇及他耳。然去《诗》未远，梗概尚存。故兴离别，则引双凫一雁为喻；讽君子小人，则引香草恶鸟为比。虽义类不具，犹得风人之什二三焉。于时六义始缺矣。晋、宋已还，得者盖寡。以康乐之奥博，多溺于山水；以渊明之高古，偏放于田园。江、鲍之流，又狭于此。如梁鸿《五噫》之例者，百无一二。于时六义浸微矣！陵夷至于梁、陈间，率不过嘲风雪、弄花草而已。噫！风雪花草之物，三百篇中岂舍之乎？顾所用何如耳。设如"北风其凉"，假风以刺威虐；"雨雪霏霏"，因雪以愍征役；"棠棣之华"，感华以讽兄弟；"采采芣苢"，美草以乐有子也。皆兴发于此而义归于彼。反是者，可乎哉！然则"余霞散成绮，澄江净如练"，"归花先委露，别叶乍辞风"之什，丽则丽矣，吾不知其所讽焉。故仆所谓嘲风雪、弄花草而已。于时六义尽去矣。唐兴二百年，其间诗人不可胜数。所可举者，陈子昂有《感遇诗》二十首，鲍防《感兴诗》十五首。又诗之豪者，世称李、杜。李之作，才矣奇矣！人不逮矣！索其风雅比兴，十无一焉。杜诗最多，可传者千余首。至于贯穿古今，靦缕格律，尽工尽善，又过于李焉。然撮其《新安》《石壕》《潼关吏》《芦子关》《花门》之章，"朱门酒肉臭，路有冻死骨"之句，亦不过十三四。杜尚如此，况不逮杜者乎？

仆尝痛诗道崩坏，忽忽愤发，或废食辍哺，不量才力，欲扶起之。嗟乎！事有大谬者，又不可一二而言，然亦不能不粗陈于左右。

仆始生六七月时，乳母抱弄于书屏下，有指"无"字、"之"字示仆者，仆口未能言，心已默识。后有问此二字者，虽百十其试，而指之不差。则仆宿习之缘，已在文字中矣。及五六岁，便学为诗。九岁谙识声韵。十五六，始知有进士，苦节读书。二十已来，昼课赋，夜课书，间又课诗，不遑寝息矣。以至于口舌成疮，手肘成胝。既壮而肤革不丰盈，未老而齿发早衰白；瞥瞥然如飞蝇垂珠在眸子中者，动以万数，盖以苦学力文之所致，又自悲矣。家贫多故，二十七方从乡赋。既第之后，虽专于科试，亦不废诗。及授校书郎时，已盈三四百首。或出示交友如足下辈，见皆谓之工，其实未窥作者之域耳。

自登朝来，年齿渐长，阅事渐多。每与人言，多询时务；每读书史，多求理道。始知文章合为时而著，歌诗合为事而作。是时皇帝初即位，宰府有正人，屡降玺书，访人急病。仆当此日，擢在翰林，身是谏官，月请谏纸。启奏之间，有可以救济人病，裨补时阙，而难于指言者，辄咏歌之，欲稍稍进闻于上。上以广宸聪副忧勤；次以酬恩奖，塞言责；下以复吾平生之志。岂图志未就而悔已生，言未闻而谤已成矣！

又请为左右终言之。凡闻仆《贺雨诗》，而众口籍籍，已谓非宜矣；闻仆《哭孔戡诗》，众面脉脉，尽不悦矣；闻《秦中吟》，则权豪贵近者，相目而变色矣；闻《登乐游园》寄足下诗，则执政柄者扼腕矣；闻《宿紫阁村》诗，则握军要者切齿矣！大率如此，不可遍举。不相与者，号为沽名，号为诋讦，号为讪谤。苟相与者，则如牛僧孺之诫焉。乃至骨肉妻孥，皆以我为非也。其不我非者，举世不过三两人。有邓鲂者，见仆诗而喜，无何鲂死。有唐衢者，见仆诗而泣，未几而衢死。其余则足下。足下又十年来困踬若此。呜呼！岂六义四始之风，天将破坏，不可支持耶？抑又不知天意不欲使下人病苦闻于上耶？不然，何有志于诗者不利若此之甚也！

然仆又自思关东一男子耳，除读书属文外，其他懵然无知，乃至书画棋博，可以接群居之欢者，一无通晓，即其愚拙可知矣！初应进士时，中朝无缌麻之亲，达官无半面之旧；策蹇步于利足之途，张空拳于战文之场。十年之间，三登科第，名入众耳，迹升清贯，出交贤俊，入侍冕旒。始得名于文章，终得罪于文章，亦其宜也。

日者闻亲友间说，礼、吏部举选人，多以仆私试赋判，传为准的。其余诗句，亦往往在人口中。仆恧然自愧，不之信也。及再来长安，又闻有军使高霞寓者，欲聘倡妓，妓大夸曰："我诵得白学士《长恨歌》，岂同他妓哉？"由是增价。又足下书云：到通州日，见江馆柱间有题仆诗者。何人哉？又昨过汉南日，适遇主人集众娱乐他宾，诸妓见仆来，指而相顾曰：此是《秦中吟》《长恨歌》主耳。自长安抵江西，三四千里，凡乡校、佛寺、逆旅、行舟之中，往往有题仆诗者；士庶、僧徒、孀妇、处女之口，每有咏仆诗者。此诚雕虫之戏，不足为多。然今时俗所重，正在此耳。虽前贤如渊、云者，前辈如李、杜者，亦未能忘情于其间。古人云："名者公器，不可以多取。"仆是何者，窃时之名已多。既窃时名，又欲窃时之富贵，使己为造物者肯兼与之乎？今之迍穷，理固然也。

　　况诗人多蹇，如陈子昂、杜甫，各授一拾遗，而迍剥至死。李白、孟浩然辈不及一命，穷悴终身。近日孟郊六十，终试协律；张籍五十，未离一太祝。彼何人哉！况仆之才，又不逮彼。今虽谪佐远郡，而官品至第五，月俸四五万，寒有衣，饥有食，给身之外，施及家人，亦可谓不负白氏子矣。微之，微之！勿念我哉！仆数月来，检讨囊帙中，得新旧诗，各以类分，分为卷目。自拾遗来，凡所遇所感，关于美刺兴比者，又自武德至元和，因事立题，题为"新乐府"者，共一百五十首，谓之"讽谕诗"。又或退公独处，或移病闲居，知足保和，吟玩性情者一百首，谓之"闲适诗"。又有事物牵于外，情理动于内，随感遇而形于叹咏者一百首，谓之"感伤诗"。又有五言、七言、长句、绝句，自一百韵至两百韵者四百余首，谓之"杂律诗"。凡为十五卷，约八百首。异时相见，当尽致于执事。

微之，古人云："穷则独善其身，达则兼济天下。"仆虽不肖，常师此语。大丈夫所守者道，所待者时。时之来也，为云龙，为风鹏，勃然突然，陈力以出；时之不来也，为雾豹，为冥鸿，寂兮寥兮，奉身而退。进退出处，何往而不自得哉？故仆志在兼济，行在独善，奉而始终之则为道，言而发明之则为诗。谓之"讽谕诗"，兼济之志也；谓之"闲适诗"，独善之义也。故览仆诗者，知仆之道焉。其余杂律诗，或诱于一时一物，发于一笑一吟，率然成章，非平生所尚者。但以亲朋合散之际，取释恨佐欢。今铨次之间，未能删去。他时有为我编集斯文者，略之可也。

微之，夫贵耳贱目，荣古陋今，人之大情也。仆不能远征古旧，如近岁韦苏州歌行，才丽之外，颇近兴讽。其五言诗，又高雅闲淡，自成一家之体。今之秉笔者，谁能及之？然当苏州在时，人亦未甚爱重，必待身后，人始贵之。今仆之诗，人所爱者，悉不过杂律诗与《长恨歌》已下耳。时之所重，仆之所轻。至于讽谕者，意激而言质；闲适者，思澹而词迂。以质合迂，宜人之不爱也。今所爱者，并世而生，独足下耳。然千百年后，安知复无如足下者出而知爱我诗哉？

故自八九年来，与足下小通则以诗相戒，小穷则以诗相勉，索居则以诗相慰，同处则以诗相娱。知吾罪吾，率以诗也。

如今年春游城南时，与足下马上相戏，因各诵新艳小律，不杂他篇。自皇子陂归昭国里，迭吟递唱，不绝声者二十里余。樊、李在傍，无所措口。知我者以为诗仙，不知我者以为诗魔。

何则? 劳心灵, 役声气, 连朝接夕, 不自知其苦, 非魔而何? 偶同人, 当美景, 或花时宴罢, 或月夜酒酣, 一咏一吟, 不觉老之将至。虽骖鸾鹤、游蓬瀛者之适, 无以加于此焉, 又非仙而何? 微之, 微之! 此吾所以与足下外形骸、脱踪迹、傲轩鼎、轻人寰者, 又以此也。当此之时, 足下兴有余力, 且欲与仆悉索还往中诗, 取其尤长者, 如张十八古乐府, 李二十新歌行, 卢、杨二秘书律诗, 窦七、元八绝句, 博搜精掇, 编而次之, 号为《元白往还集》。众君子得拟议于此者, 莫不踊跃欣喜, 以为盛事。嗟乎! 言未终而足下左转, 不数月而仆又继行, 心期索然, 何日成就? 又可为之叹息矣!

又仆尝语足下, 凡人为文, 私于自是, 不忍于割截, 或失于繁多。其间妍媸, 益又自惑。必待交友有公鉴无姑息者, 讨论而削夺之, 然后繁简当否, 得其中矣。况仆与足下为文, 尤患其多。己尚病之, 况他人乎? 今且各纂诗笔, 粗为卷第, 待与足下相见日, 各出所有, 终前志焉。又不知相遇是何年, 相见是何地, 溘然而至, 则如之何?

微之, 微之, 知我心哉! 浔阳腊月, 江风苦寒, 岁暮鲜欢, 夜长少睡。引笔铺纸, 悄然灯前, 有念则书, 言无次第。勿以繁杂为倦, 且以代一夕之话言也。微之, 知我心哉! 乐天再拜。

祭小侄女寄寄文

李商隐

　　正月二十五日，伯以果子弄物，招送寄寄体魂归大茔之旁。哀哉! 尔生四年，方复本族。既复数月，奄然归无。于鞠育而未深，结悲伤而何极! 来也何故，去也何缘? 念当稚戏之辰，孰测死生之位? 时吾赴调京下，移家关中。事故纷纶，光阴迁贸。寄瘗尔骨，五年于兹。白草枯荄，荒涂古陌。朝饥谁饱，夜渴谁怜? 尔之栖栖，吾有罪矣。今吾仲姊，反葬有期。遂迁尔灵，来复先域。平原卜穴，刻石书铭。明知过礼之文，何忍深情所属。自尔没后，侄辈数人。竹马玉环，绣襜文葆。堂前阶下，日里风中，弄药争花，纷吾左右。独尔精诚，不知何之。况吾别婴已来，嗣绪未立。犹子之义，倍切他人。念往抚存，五情空热。呜呼! 荥水之上，坛山之侧。汝乃曾乃祖，松槚森行。伯姑仲姑，冢坟相接。汝来往于此，勿怖勿惊。华彩衣裳，甘香饮食。女来受此，无少无多。女伯祭女，女父哭女，哀哀寄寄，女知之耶!

论语解序

谢良佐

　　天下同知尊孔子，同知贤于尧、舜，同知《论语》书弟子记当年言行，不诬也。然自秦、汉以来，开门授徒者，不过分章析句尔。魏、晋而降，谈者益稀。既不知读其书，谓足以识圣人心，万无是理。既不足以知圣人心，谓"言能中伦"，"行能中虑"，亦万无是理。言行不类，谓为天下国家有道，亦万无是理。君子于此，盍阙乎？盖溺心于浅近无用之地，聪明日就彫丧，虽欲读之，顾不得其门而入也。圣人辞近而指远，辞有尽，指无穷。有尽者可以索之于训诂，无穷者要当会之以神。譬诸观人，他日识其面，今日见其心，在我则改容更貌矣，人则犹故也。为是故虽读。今试以读此书之法语诸君焉。勿以为浅近而忽，勿以为太高而惊，勿以为简我而忿且怒，勿以为妄诞而直不信。圣人之言，不可以训诂形容其微意。今不复撰次成文，直以意之所到，"辞达而已矣"。

　　盖此书存于世，论其切于用而收近效则无之。与道家使人精神专一之学，西方见性之说，并驾争衡，孰全孰驳，未易以口舌争也。谈天语命，伟词雄辩，使人可骇可慕，曾不如庄周、列御寇曼衍之言。笼络万象，葩华百出，读之使人亹亹不厌，曾不如班、马雄深雅健之文。正名百物，分辨六气，区味别性，可以愈疾引年，曾不如黄帝、岐伯之对问，神农之药书。可以资听讼折狱，可以饰簿书期会，曾不如申、韩刑名。陶冶尘思，模写物态，曾不如颜、谢、徐、庾流连光景之诗。至神怪卜相之书，书数博奕之技，其皆可玩，获售于人，而此书乃一无有也。欲使敏秀豪俊之士，留精神于其间，几何其不笑且受侮与？邈乎希声，一唱而三叹，谁其听之？淡乎无味，酒玄而俎腥，谁其嗜之？虽家藏人有，不委尘埃者几希矣。

余昔者供洒扫于河南夫子之门，仅得毫厘于句读文义之间，而益信此书之难读也。盖"不学操缦，不能安弦。不学博依，不能安诗。不学杂服，不能安礼"，唯近似者易入也。彼其道高深溥博，不可涯涘如此，傥以童心浅智窥之，岂不大有径庭乎？方其物我太深，胸中矛戟者读之，谓终身可行之恕诚何味。方其胁肩谄笑，以言餂人者读之，谓"巧言令色"宁病仁。未能"素贫贱"而耻恶衣恶食者读之，岂知"饭疏食，饮水，曲肱而枕"之未妨吾乐。注心于利，未得而已，有颠冥之患者读之，孰信不义之富贵真如浮云？过此而往，益高深矣，可胜数哉！是皆越人视秦人之肥瘠也。

惟同声然后相应，唯同气然后相求。是心与是书，声气同乎？不同乎？宜其卒无见也。是书远于人乎？人远于书乎？盖亦勿思尔矣。若反是心者，可以读是书矣。孰能脱去凡近，以游高明，莫为婴儿之态而有大人之器，莫为一身之谋而有天下之志，莫为终身之计而有后世之虑，不求人知而求天知，不求同俗而求同理者乎？是人虽未必中道，然其心当广矣，明矣，不杂矣。其于读是书也，能无得乎？当不惟念之于心，必能体之于身矣。油然内得，难以语人。谓圣人之言真不我欺者，其亦自知而已矣。岂特虑思之效，乃力行之功。至此，盖书与人互相发也。及其久也，习益察，行益著，知视听言动盖皆至理，声气容色无非妙用。父子君臣岂人能秩叙，仁义礼乐岂人能强名。心与天地同流，体与神明为一。若动若植，何物非我。有形无形，谁其间之。至此，盖人与书相忘也，则向所谓"辞近而指远"者，可不信乎？宜其"贤者识其大者，不贤者识其小者"，好恶取舍之相远也。

学者傥以此言为可信，则亦"何远之有"？以为无隐乎尔，则"天何言哉"，"夫子之言性与天道，不可得而闻也"。以为有隐乎尔，则"四时行焉，百物生焉"，"夫子之文章，可得而闻也"。是岂真"不可得而闻"也哉？《诗》云："鸢飞戾天，鱼跃于渊。"此天下之至显，圣人恶得而隐哉？所谓"无行而不与二三子"者也。"上天之载，无声无臭"，此天下之至赜，圣人亦恶得而显哉？宜其"二三子为有隐乎我"者也。知有隐、无隐之不二者，舍此书其何以见之哉？知有隐、无隐之不二者，岂非闳博明允君子哉！诸君可无意于斯乎。

西山十记
袁中道

记　一

出西直门，过高梁桥，杨柳夹道，带以清溪。流水澄澈，洞见沙石。蕴藻萦蔓，鬣走带牵。小鱼尾游，翕忽跳达，亘流背林，禅刹相接。绿叶浓郁，下覆朱户。寂静无人，鸟鸣花落。过响水闸，听水声汩汩。至龙潭堤，树益茂，水益阔，是为西湖也。每至盛夏之月，芙蓉十里如锦，香风芬馥，士女骈阗，临流泛觞，最为胜处矣。憩青龙桥，桥侧数武有寺，依山傍岩。古柏阴森，石路千级。山腰有阁，翼以千峰，萦抱屏立，积岚沉雾，前开一镜。堤柳溪流，杂以畦畛，丛翠之中，隐见村落。降临水行，至功德寺，宽博有野致，前绕清流，有危桥可坐。寺僧多习农事，日已西，见道人执畚者、插者、带笠者野歌而归。有老僧持杖散步塍间，水田浩白，群蛙偕鸣。噫，此田家之乐也，予不见此者三年矣。

记　二

功德寺循河而行，至玉泉山麓，临水有亭。山根中时出清泉，激喷巉石中，俏然如语。至裂帛泉，水仰射，沸冰结雪，汇于池中，见石子鳞鳞，朱碧磊珂，如金沙布地，七宝妆施，荡漾不停，闪烁晃耀。注于河，河水深碧泓淳，澄澈迅疾。潜鳞了然，荇发可数。两岸垂柳，带拂清波。石梁如雪，雁齿相次。间以独木为桥，跨之濯足，沁凉入骨。折而南，为华严寺，有洞可容千人，有石床可坐。又有大士洞，石理诘曲，突兀奋怒，较华严洞更觉险怪。后有窦，深不可测。其上为望湖亭，见西湖明如半月，又如积雪未消。柳堤一带，不知里数，嫋嫋濯濯，封天蔽日。而溪壑间民方田作，大田浩浩，小田晶晶，鸟声百啭，杂花在树，宛若江南三月时矣。循溪行，至山将穷处，有庵，高柳覆门，流水清激，跨水有亭，修饬而无俗气。山余出巉石，肌理深碧。不数步见水源，即御河发源处也。水从此隐矣。

记　三

自玉泉山，初日雾露之余，穿柳市花弄田畴畛畦间。见峰峦回曲萦抱，万树浓黛，点缀山腰，飞阁危楼，腾红酣绿者，香山也。此山门径幽邃，青松夹道里许，流泉淙淙下注。朱栏千级，依岩为刹，高杰整丽。憩左侧来青轩，尽得峰势。右如舒臂，左乃曲抱，林木绣错，伽蓝棋布。下见麦畴稻畦，潦壑柳路，村庄疏数，点黛设色。夫雄踞上势，撮其胜会，华榱金铺，切云耀日，肖竹林于王居，失秽都之瓦砾，兹刹庶几有博大恢弘之风。至于良辰佳节，都人士女，连珮接袗，绮罗从风，香汗飘雨，繁华巨丽，亦一名胜。独作者骋象马之雄图，无丘壑之妙思，角其人工，不合自然，未免令山泽之癯，息心望岫。然要以数十年后，金碧蚀于蛛丝，阶砌隐于苔藓，游人渐少，树木渐老，则恐兹山之胜，倍当刮目于今日也。

记　四

从香山，俯石磴，行柳路，不里许，碧云在焉。刹后有泉，从山根石罅中出，喷吐冰雪，幽韵涵澹。有老树，中空火出。导泉于寺，周于廊下，激聒石渠下，见文砾金沙。引入殿前为池，界以石梁，下深丈许，了若径寸。朱鱼万尾，匝池红酣，烁人目睛。日射清流，写影潭底，清慧可怜。或投饼于左，群赴于左，右亦如之，咀呷有声。然其跳达泼剌，游戏水上者，皆数寸鱼。其长尺许者，潜泳潭下，见食不赴，安闲宁寂，毋乃静燥关其老少耶？水脉隐见，至门左，奋然作铁马水车之声，迸入于溪，其刹宇宏丽，不书，书泉志胜也。或曰："此泉若听其喷溢石根中，不从龙口出，其岩际砌石，不令光滑，令披露山骨，石渠不令若槽臼，则刹之胜恐东南未必过焉。"然哉。

记　五

　　香山跨石踞岩，以山胜者也；碧云以泉胜者也。折而北，为卧佛，峰转凹，不闻泉声。然门有老柏百许森立，寒威逼人。至殿前，有老树二株，大可百围。铁干镠枝，碧叶纠结。纤羲回月，屯风宿雾。霜皮突兀，千瘿万螺。怒根出土，磊块诘曲，叩之丁丁作石声。殿墀周遭数百丈，数百年以来，不见日月。石墀整洁，不容唾。寺较古，游者不至，长日静寂。若盛夏宴坐其下，凛然想衣裘矣。询树名，或云娑罗树，其叶若薇。予乃折一枝袖之，俟入城以问黄平倩，必可识也。卧佛盖以树胜者也。夫山刹，当以老树古怪为胜，得其一者皆可居，不在整丽。三刹之中，野人宁居卧佛焉。

记　六

　　背香山之额，是谓万安山。刹庵绮错之中，有寺不甚弘敞，而具山林之致者，翠岩也。门有渠，天雨则飞流自山颠来，岩吼石击，涛奔雷震，直走原麓，洞骇心目。刹后石路百级，有禅院，四周皆茂树。左右松柏千株，虬曲幽郁，无风而涛，好鸟和鸣。于疏林中，隐隐见都城九衢，宫观栉比。万岁山及白塔寺，了了可指。其郊坰之林烟水色，山径柳堤，及近之峰峦叠秀，楼阁流丹，则固皆几席间物。出门即为登眺，入门即就枕簟，虽夜色远来，犹可不废览瞩。有泉甚清，可煮茗，遂宿焉。风起，松柏怒号，震撼冲击，枕上闻其声，如在扬子舟中驾风帆破白头浪也。予遂与王子定计九夏居此，以避长安尘。

记　七

　　既栖止翠崖，晏坐之余，时复散步。循涧西行，攀磴数百武，得庵曰中峰。门有石楼，可眺。有亭高出半山，可穷原隰。墙围可十里，悉以白石垒砌，高薄云汉，修整中杂之纤曲。阶磴墀径，石光可鉴，不受一尘，处处可不旋簟席而卧，于诸山中鲜洁第一。刹中仅见一僧，甚静寂。予少憩石楼下，清风入户，不觉成寐。既寤，复循故涧。涧洄，而怪石经于疾流冲击之后，堕者，偃者，横直卧者，泐者，背相负者，欲止未止，欲转不获转者，犹有余怒。其岸根，水洗石出，亦复皱瘦凌嶒，崎嵚陷坎，罅中松鼠出没，净滑可人。舍涧而上碧峰，得寺曰弘教，亦有亭可眺也。有松盘曲夭乔，肤皱枝拗，有远韵，间有怪石。佛像清古，亦为山中第一。降，复过翠崖，循涧左行，山口中为曹家楼，有桥可憩。竹柏骈罗，石路宛转，可三里许。青苔紫驳，缀乱石中。墙畔亦多斧劈石，骨理甚劲。意山中概多怪石，去其土肤，石当自出。无奈修者意在整齐，即有奇石，且将去天巧以就人工，况肯为疏通，其显突兀奋之势者乎？绝顶有亭，眺较远，以在山口也。此处门径弘博不如香山，而有山家清奥之趣，亦当为山中第一也。

记　八

予欲穷万安绝顶之胜，而僧云："徐之，俟微雨洒尘，乘其爽气，可以登涉，且宜眺瞩也。"一宿而微雨至，予大喜曰："是可游矣！"遂溯而上，徘徊怪石之间，数步一息。于时宿雾既收，初日照林。松柏膏沐之余，杨柳浣瀚之后，深翠殷绿，媚红娟美。至于原隰隐畛，草色麦秀，莫不淹润柔滑，细腻莹洁，似薝簟初展，文锦乍铺矣。既至层颠，意为可望云中、上谷间，而香山、金山诸峰，遮樾云汉。惟东南一鉴，了了可数。平畴尽处，见南天大道一缕，捲雾喷沙，浩白无涯。或曰："此走邯郸道也。"扪萝分棘，遂过山阴。憩于香山松棚庵中，松身仅五尺许，而枝干虬结，蔽于垣内。下有流泉清激，声与松柏相和。松花堕地，飘粉流香。时晚烟夕雾，萦薄湖山，急寻旧路以归。

记　九

依西山之麓而刹者，林相接也。而最壮丽者，为鲍家寺。寺两掖石楼屹立，青槐百株，交蔽修衢，微类村庄。殿墀果松仅四株，而枝菜婆娑，覆阴无隙地，飘粉吹香，写影石路，堂宇整潔，兴碧云等。于弘教寺之下，又得滕公寺，石垣周遭，若一大县。其中飞楼相望，五十余所。清渠激于户下，杂花灵草，芬馥檐楹，别院宛转，目眩心迷。幽邃清肃，规驮婆而摹未央。噫，衔之之纪伽蓝盛矣，中州固应尔。燕冀号为沙碛，数百年间，天都物力日盛。王侯貂贵，不惜象马七珍，遂使神工鬼斧，隧轸山谷。子游天下，若金陵之摄山牛首，钱塘之天竺净慈，诚为秽土清泰。至于瑰奇修整，无纤毫酸寒之气，西山诸刹亦为独步。玉环飞燕，各不可轻。虽都人有担金填壑之讥，然赫赫皇后，令郊墦皆为黄沙茂草，不亦萧条甚欤？王丞相所谓"不尔，何以为京师？"者也。

记 十

居士曰："予游山，自西山始也。"或曰："居士年二十时，即泛长江，历吴会，穷览越峤之胜。北走塞上，登恒山石脂峰，望单于而还。而乃云游自西山始，何也？"居士曰："予向者雅好山泽游矣，而性爱豪奋，世机未息，冶习未除，是故目解玩山色，然又未能忘粉黛也；耳解听碧流，然又未能忘丝竹也。必如安石之载携声妓，盘餐百金，康乐之伐木开山，子瞻之鸣金会食，乃慊于心，而势复不能，则虽有山石洞壑之奇，往往以寂寞难堪，委之去矣，此与不游正等。今予幸而厌弃世羁，少年豪习扫除将益矣。伊蒲可以送日，晏坐可以忘年，以法喜为资粮，以禅悦为妓侍，然后澹然自适之趣，与无情有致之山水，两相得而不厌。故望烟峦之窈窕突兀，听水声之幽闲涵澹，欣欣沁心入脾，觉世间无物可以胜之。举都人士所为闻而不及游，游而不及享者，皆渐得于吾杖屦之下。于于焉，徐徐焉，朝探暮归，若将终身焉。然后用知予向者果未尝游山，游山自西山始矣。"

柳敬亭传

黄宗羲

　　余读《东京梦华录》《武林旧事记》，当时演史小说者数十人。自此以来，其姓名不可得闻。乃近年共称柳敬亭之说书。柳敬亭者，扬之泰州人，本姓曹。年十五，犷悍无赖，犯法当死，变姓柳，之盱眙市中为人说书，已能倾动其市人。久之，过江。云间有儒生莫后光见之，曰："此子机变，可使以其技鸣。"于是谓之曰："说书虽小技，然必辨性情，习方俗，如优孟摇头而歌，而后可以得志。"敬亭退而凝神定气，简练揣摩，期月而诣莫生。生曰："子之说，能使人欢咍嗢噱矣。"又期月，生曰："子之说，能使人慷慨涕泣矣。"又期月，生喟然曰："子言未发，而哀乐具乎其前，使人之性情不能自主，盖进乎技矣。"由是之扬，之杭，之金陵，名达于缙绅间。华堂旅会，闲庭独坐，争延之，使奏其技，无不当于心称善也。左宁南良玉南下，皖帅杜弘域欲结欢宁南，致敬亭于幕府。宁南以为相见之晚，使参机密。军中亦不敢以说书目敬亭。宁南不知书，所有文檄，幕下书生设意修词，援古证今，极力为之，宁南皆不悦。而敬亭耳剽口熟，从委巷活套中来者，无不与宁南意合。尝奉命至金陵，是时朝中皆畏宁南，闻其使人来，莫不倾动加礼，宰执以下，俱使之南面上坐，称柳将军，敬亭亦无所不安也。其市井小人昔与敬亭尔汝者，从道旁私语："此故吾侪同说书者也，今富贵若此！"亡何国变，宁南死。敬亭丧失，其资略尽，贫困如故。时始复上街头，理其故业。敬亭既在军中久，其豪猾大侠、杀人亡命、流离遇合、破家失国之事，无不身亲见之。且五方土音，乡欲好尚，习见习闻，每发一声，使人闻之，或如刀剑铁骑，飒然浮空，或如风号雨泣，鸟悲兽骇，亡国之恨顿生，檀板之声无色，有非莫生之言可尽者矣。马帅镇松时，敬亭亦出入其门下，然不过以倡优遇之。钱牧斋尝谓人曰："柳敬亭何所优长？"人曰："说书。"牧斋："非也，其长在尺牍耳。"盖敬亭极喜写书，调文别字满纸，故牧斋以此谐之。嗟乎！宁南身为大将，而以倡优为腹心，其所授摄官皆市井己者，不亡何待乎！

人间词话（选录）

王国维

词以境界为最上，有境界则自成高格，自有名句。五代北宋之词所以独绝者在此。

有造境，有写境，此理想与写实二派之所由分。然二者颇难分别，因大诗人所造之境，必合乎自然，所写之境，亦必邻于理想故也。

有有我之境，有无我之境。"泪眼问花花不语，乱红飞过秋千去。""可堪孤馆闭春寒，杜鹃声里斜阳暮。"有我之境也。"采菊东篱下，悠然见南山。""寒波澹澹起，白鸟悠悠下。"无我之境也。有我之境，以我观物，故物我皆著我之色彩。无我之境，以物观物，故不知何者为我，何者为物。古人为词，写有我之境者为多，然未始不能写无我之境，此在豪杰之士能自树立耳。

无我之境，人唯于静中得之。有我之境，于由动之静时得之。故一优美一宏壮也。

自然中之物，互相关系，互相限制。然其写之于文学及美术中也，必遗其关系、限制之处，故虽写实家亦理想家也。又虽如何虚构之境，其材料必求之于自然，而其构造亦必从自然之法则，故虽"理想家"亦"写实家"也。

境非独谓景物也，喜怒哀乐亦人心中之一境界。故能写真景物真感情者，谓之有境界。否则谓之无境界。

词人者，不失其赤子之心者也。故生于深宫之中，长于妇人之手，是后主为人君所短处，亦即为词人所长处。

客观之诗人，不可不多阅世。阅世愈深，则材料愈丰富，愈变化，《水浒传》《红楼梦》之作者是也。主观之诗人，不必多阅世。阅世愈浅，则性情愈真，李后主是也。

《诗·蒹葭》一篇最得风人深致。晏同叔之"昨夜西风凋碧树。独上高楼，望尽天涯路"，意颇近之。但一洒落，一悲壮耳。

"我瞻四方，蹙蹙靡所骋。"诗人之忧生也。"昨夜西风凋碧树，独上高楼，望尽天涯路。"似之。"终日驰车走，不见所问津。"诗人之忧世也。"百草千花寒食路，香车系在谁家树。"似之。

古今之成大事业、大学问者，必经过三种之境界："昨夜西风凋碧树，独上高楼，望尽天涯路。"此第一境也。"衣带渐宽终不悔，为伊消得人憔悴。"此第二境也。"众里寻他千百度，蓦然回首，那人却在，灯火阑珊处。"此第三境也。此等语皆非大词人不能道。然遽以此意解释诸词，恐为晏欧诸公所不许也。

词忌用替代字。美成解语花之"桂华流瓦"，境界极妙。惜以"桂华"二字代"月"耳。梦窗以下，则用代字更多。其所以然者，非意不足，则语不妙也。盖意足则不暇代，语妙则不必代。

此少游之"小楼连苑""绣毂雕鞍"，所以为东坡所讥也。

白石写景之作，如"二十四桥仍在，波心荡、冷月无声""数峰清苦，商略黄昏雨""高树晚蝉，说西风消息"，虽格韵高绝，然如雾里看花，终隔一层。梅溪、梦窗诸家写景之病，皆在一"隔"字。北宋风流，渡江遂绝。抑真有运会存乎其间耶？

问"隔"与"不隔"之别。曰：陶谢之诗不隔，延年则稍隔已。东坡之诗不隔，山谷则稍隔矣。"池塘生春草""空梁落燕泥"等二句，妙处唯在不隔，词亦如是。即以一人一词论，如欧阳公《少年游》咏春草上半阕云："阑干十二独凭春，晴碧远连云。二月三月，千里万里，行色苦愁人。"语语都在目前，便是不隔。至云："谢家池上，江淹浦畔。"则隔矣。白石《翠楼吟》："此地宜有词仙，拥素云黄鹤，与君游戏。玉梯凝望久，叹芳草萋萋千里。"便是不隔。至"酒祓清愁，花消英气"则隔矣。然南宋词虽不隔处，比之前人，自有浅深厚薄之别。

"生年不满百，常怀千岁忧。昼短苦夜长，何不秉烛游？""服食求神仙，多为药所误。不如饮美酒，被服纨与素。"写情如此，方为不隔。"采菊东篱下，悠然见南山。山气日夕佳，飞鸟相与还。""天似穹庐，笼盖四野。天苍苍，野茫茫，风吹草低见牛羊。"写景如此，方为不隔。

四言敝而有楚辞，楚辞敝而有五言，五言敝而有七言，古诗敝而有律绝，律绝敝而有词。盖文体通行既久，染指遂多，自成习套。豪杰之士，亦难于其中自出新意，故遁而作他体，以自解脱。一切文体,所以始盛终衰者,皆由于此。故谓文学后不如前,余未敢信。但就一体论,则此说固无以易也。

诗之《三百篇》《十九首》,词之五代北宋,皆无题也。非无题也,诗词中之意,不能以题尽之也。自《花庵》《草堂》每调立题,并古人无题之词,亦为作题。如观一幅佳山水,而即曰此某山某河,可乎?诗有题而诗亡,词有题而词亡,然中材之士鲜能知此而自振拔者矣。

大家之作,其言情也必沁人心脾,其写景也必豁人耳目。其辞脱口而出,无矫揉妆束之态。以其所见者真,所知者深也。诗词皆然。持此以衡古今之作者,可无大误也。

诗人对宇宙人生,须入乎其内,又须出乎其外。入乎其内,故能写之。出乎其外,故能观之。入乎其内,故有生气。出乎其外,故有高致。美成能入而不出。白石以降,于此二事,皆未梦见。

诗人必有轻视外物之意,故能以奴仆命风月;又必有重视外物之意,故能与花鸟共忧乐。

中国新文学大系总序（节选）

蔡元培

我国文化非有一种复兴运动不能振废起衰，五四运动的新文学运动就是复兴的开始。代表它的是陈独秀的《新青年》。

《新青年》于民国四年创刊，他的《敬告青年》，特陈六义：一、自主的而非奴隶的。二、进步的而非退守的。三、进取的而非退隐的。四、世界的而非锁国的。五、实利的而非虚文的。六、科学的而非想像的。

到民国八年，有《新青年宣言》，有云："我们相信，世界各国政治上道德上经济上因袭的旧观念中，有许多阻碍进化而不合情理的部分。我们想求社会进化，不得不打破天经地义、自古如斯的成见，决计一面抛弃此等旧观念，一面综合前代贤哲当代贤哲和我们自己所想的创造上道德上经济上新观念，树立新时代的精神，适应新社会的环境。我们理想的新时代、新社会，是诚实的、进步的、积极的、自由的、平等的、创造的、美的、善的、和平的、相爱的、互助的、劳动而愉快的、全社会幸福的。希望那虚伪的、保守的、消极的、束缚的、阶级的、因袭的、丑的、恶的、战争的、轧轹不安的、懒惰而烦闷的、少数幸福的现象，渐渐减少，至于消灭。"又有《新青年罪案之答辩书》，有云："他们所非难本志的，无非是破坏孔教，破坏礼法，破坏国粹，破坏贞节，破坏旧伦理（忠孝节），破坏旧艺术（中国戏），破坏旧宗教（鬼神），破坏旧文学，破坏旧政治（特权政治）这几条罪案。这几条罪案，本社同人当然直认不讳。但是追本溯源，本志同人本来无罪，只因为拥护那德莫克拉西（Democracy）和赛因斯（Science）两位先生，才犯了这几条滔天大罪。要拥护那德先生，便不得不反对那孔教、礼法、贞节、旧伦理、旧政治；要拥护那赛先生，便不得不反对那国粹和旧文学。"他的主张民治主义和科学精神，固然前后如一，而"破坏旧文学的罪案"与"反对旧文学"的声明，均于八年始见，这是因为在《新青年》上提倡文学革命起于五年。五年十月胡适来书，称"今日欲言文学革命，须从八事入手：一曰不用典，二曰不用陈套语，三曰不讲对仗，四曰不僻俗字俗语，五曰须讲求文法之结构，六曰不作无病之呻吟，七曰不摹仿古人，语语须有我在，八曰须言之有物"。由是陈独秀于六年二月发表《文学革命论》，有云："文学革命之气运，酝酿已非一日，其首举义旗之急先锋，则为我友胡适。余敢冒全国学究之敌，高张文学革命军大旗以为吾友之声援，旗上大书特书吾革命军三大主义：曰推倒雕琢的阿谀的贵族文学，建设平易的抒情的国民文学；推倒陈腐的铺张的古典文学，建设新鲜的立诚的写实文学；推倒迂晦的艰涩的山林文学，建设明了的通俗的社会文学。"这是那时候由思想革命而进于文学革命的历史。

　　为什么改革思想，一定要牵涉到文学上？这因为文学是传导思想的工具。钱玄同于七年三月十四日《致陈独秀书》，有云："旧文章的内容，不到半页，必有发昏做梦的话，青年子弟读了这种旧文章，觉其句调铿锵，娓娓可诵，不知不觉，便将为文中之荒谬道理所征服。"在玄同所主张的"废灭汉文"虽不易实现，而先废文言文，是做得到的事。所以他有一次致独秀的书就说："我们既绝对主张用白话体做文章，则自己在《新青年》里面做的，便应该渐渐的改用白话。我从这次通信起，以后或撰文，或通信，一概用白话，就和适之先生做《尝试集》一样意思。并且还要请先生、胡适之先生和刘半农先生都来尝试尝试。此外别位在《新青年》里撰文的先生和国中赞成做白话文的先生们，若是大家都肯"尝试"，那么必定"成功"。"自古无"的，自今以后必定会有。"可以看见玄同提倡白话文的努力。

　　民元前十年左右，白话文也颇流行，那时候最著名的白话报，在杭州是林獬、陈敬第等所编，在芜湖是独秀与刘光汉等所编，在北京是杭辛斋、彭翼仲等所编。即余与王季同、汪允宗等所编的《俄事警闻》与《警钟》，每日有白话文与文言文论说各一篇。但那时候作白话文的缘故，是专为通俗易解，可以普及常识，并非取文言而代之。主张以白话代文言，而高揭文学革命的旗帜，这是从《新青年》时代开始的。

　　欧洲复兴时期以人文主义为标榜，由神的世界而渡到人的世界。就图画而言，中古时代的神像，都是忧郁枯板，与普通人不同，及复兴时代，一以生人为模型，例如拉飞儿所画圣母，全是窈窕的幼妇，所画耶稣，全是活泼的儿童。使观者有地上实现天国的感想。不但拉飞儿，同时的画家没有不这样的。进而为生人肖像，自然更表示特性，所谓"人心不同如其面"了。这叫做由神相而转成人相。我国近代本目文言文为古文，而欧洲人目不通行的语言为死语，刘大白参用他们的语意，译古文为鬼话。所以反对文言提倡白话的运动，可以说是弃鬼话而取人话了。

欧洲中古时代，以一种变相的拉丁文为通行文字。复兴以后，虽以研求罗马时代的拉丁文与希腊文为复兴古学的工具，而别一方面，却把各民族的方言利用为新文学的工具。在意大利有但丁等，在英国有绰塞、威克列夫等，在日耳曼有路德等，在西班牙有塞文蒂等，在法兰西有拉勃雷等，都是用素来不认为有文学价值的方言译述《圣经》，或撰著诗文，遂产生各国语的新文学。我们的复兴，以白话文为文学革命的条件，正与但丁等同一见解。

欧洲的复兴，普通分为初盛晚三期：以十五世纪为初期，以千五百年至千五百八十年为盛期，以千五百八十年至十七世纪末为晚期。在艺术上，在文学上，人才辈出，历三百年。我国的复兴，自五四运动以来不过十五年，新文学的成绩，当然不敢自诩为成熟。其影响于科学精神民治思想及表现个性的艺术，均尚在进行中。但是吾国历史，现代环境，督促吾人，不得不有奔轶绝尘的猛进。吾人自期，至少应以十年的工作抵欧洲各国的百年。所以对于第一个十年先作一总审查，使吾人有以鉴往而策将来，希望第二个十年至第三个十年时，有中国的拉飞尔与中国的莎士比亚等应运而生呵！

鲁迅文两篇

狂人日记

　　某君昆仲，今隐其名，皆余昔日在中学时良友；分隔多年，消息渐阙。日前偶闻其一大病；适归故乡，迂道往访，则仅晤一人，言病者其弟也。劳君远道来视，然已早愈，赴某地候补矣。因大笑，出示日记二册，谓可见当日病状，不妨献诸旧友。持归阅一过，知所患盖"迫害狂"之类。语颇错杂无伦次，又多荒唐之言；亦不著月日，惟墨色字体不一，知非一时所书。间亦有略具联络者，今撮录一篇，以供医家研究。记中语误，一字不易；惟人名虽皆村人，不为世间所知，无关大体，然亦悉易去。至于书名，则本人愈后所题，不复改也。七年四月二日识。

一

　　今天晚上，很好的月光。

　　我不见他，已是三十多年；今天见了，精神分外爽一快。才知道以前的三十多年，全是发昏；然而须十分小心。不然，那赵家的狗，何以看我两眼呢？

我怕得有理。

二

今天全没月光，我知道不妙。早上小心出门，赵贵翁的眼色便怪：似乎怕我，似乎想害我。还有七八个人，交头接耳的议论我。又怕我看见。一路上的人，都是如此。其中最凶的一个人，张着嘴，对我笑了一笑；我便从头直冷到脚跟，晓得他们布置，都已妥当了。

我可不怕，仍旧走我的路。前面一伙小孩子，也在那里议论我；眼色也同赵贵翁一样，脸色也铁青。我想我同小孩子有什么仇，他也这样？忍不住大声说，"你告诉我！"他们可就跑了。

我想：我同赵贵翁有什么仇，同路上的人又有什么仇；只有廿年以前，把古久先生的陈年流水簿子，踹了一脚，古久先生很不高兴。赵贵翁虽然不认识他，一定也听到风声，代抱不平；约定路上的人，同我作冤对。但是小孩子呢？那时候，他们还没有出世，何以今天也睁着怪眼睛，似乎怕我，似乎想害我。这真教我怕，教我纳罕而且伤心。

我明白了。这是他们娘老子教的！

三

晚上总是睡不着。凡事须得研究，才会明白。

他们——也有给知县打枷过的，也有给绅士掌过嘴的，也有衙役占了他妻子的，也有娘老子被债主逼死的；他们那时候的脸色，全没有昨天这么怕，也没有这么凶。

最奇怪的是昨天街上的那个女人，打他儿子，嘴里说道，"老子呀！我要咬你几口才出气！"他眼睛却看着我。我出了一惊，遮掩不住；那青面獠牙的一伙人，便都哄笑起来。陈老五赶上前，硬把我拖回家中了。

拖我回家，家里的人都装作不认识我；他们的脸色，也全同别人一样。进了书房，便反扣上门，宛然是关了一只鸡鸭。这一件事，越教我猜不出底细。

前几天，狼子村的佃户来告荒，对我大哥说，他们村里的一个大恶人，给大家打死了；几个人便挖出他的心肝来，用油煎炒了吃，可以壮壮胆子。我插了一句嘴，佃户和大哥便都看我几眼。今天才晓得他们的眼光，全同外面的那伙人一模一样。

想起来，我从顶上直冷到脚跟。

他们会吃人，就未必不会吃我。

你看那女人"咬你几口"的话，和一伙青面獠牙人的笑，和前天佃户的话，明明是暗号。我看出他话中全是毒，笑中全是刀。他们的牙齿，全是白厉厉的排着，这就是吃人的家伙。

照我自己想，虽然不是恶人，自从踹了古家的簿子，可就难说了。他们似乎别有心思，我全猜不出。况且他们一翻脸，便说人是恶人。我还记得大哥教我做论，无论怎样好人，翻他几句，他便打上几个圈；原谅坏人几句，他便说："翻天妙手，与众不同。"我那里猜得到他们的心思，究竟怎样；况且是要吃的时候。

凡事总须研究，才会明白。古来时常吃人，我也还记得，可是不甚清楚。我翻开历史一查，这历史没有年代，歪歪斜斜的每叶上都写着"仁义道德"几个字。我横竖睡不着，仔细看了半夜，才从字缝里看出字来，满本都写着两个字是"吃人"！

书上写着这许多字，佃户说了这许多话，却都笑吟吟的睁着怪眼看我。

我也是人，他们想要吃我了！

四

早上，我静坐了一会儿。陈老五送进饭来，一碗菜，一碗蒸鱼；这鱼的眼睛，白而且硬，张着嘴，同那一伙想吃人的人一样。吃了几筷，滑一溜溜的不知是鱼是人，便把他兜肚连肠的吐出。

我说"老五，对大哥说，我闷得慌，想到园里走走。"老五不答应，走了，停一会，可就来开了门。

我也不动，研究他们如何摆布我；知道他们一定不肯放松。果然！我大哥引了一个老头子，慢慢走来；他满眼凶光，怕我看出，只是低头向着地，从眼镜横边暗暗看我。大哥说，"今天你仿佛很好。"我说"是的。"大哥说，"今天请何先生来，给你诊一诊。"我说"可以！"其实我岂不知道这老头子是刽子手扮的！无非借了看脉这名目，揣一揣肥瘠：因这功劳，也分一片肉吃。我也不怕；虽然不吃人，胆子却比他们还壮。伸出两个拳头，看他如何下手。老头子坐着，闭了眼睛，摸了好一会，呆了好一会，便张开他鬼眼睛说，"不要乱想。静静的养几天，就好了。"

不要乱想，静静的养！养肥了，他们是自然可以多吃；我有什么好处，怎么会"好了"？他们这群人，又想吃人，又是鬼鬼祟祟，想法子遮掩，不敢直捷下手，真要令我笑死。我忍不住，便放声大笑起来，十分快活。自己晓得这笑声里面，有的是义勇和正气。老头子和大哥，都失了色，被我这勇气正气镇压住了。

但是我有勇气，他们便越想吃我，沾光一点这勇气。老头子跨出门，走不多远，便低声对大哥说道，"赶紧吃罢！"大哥点点头。原来也有你！这一件大发见，虽似意外，也在意中：合伙吃我的人，便是我的哥哥！

吃人的是我哥哥！

我是吃人的人的兄弟！

我自己被人吃了，可仍然是吃人的人的兄弟！

五

这几天是退一步想：假使那老头子不是刽子手扮的，真是医生，也仍然是吃人的人。他们的祖师李时珍做的"本草什么"上，明明写着人肉可以煎吃；他还能说自己不吃人么？

至于我家大哥，也毫不冤枉他。他对我讲书的时候，亲口说过可以"易子而食"；又一回偶然议论起一个不好的人，他便说不但该杀，还当"食肉寝皮"。我那时年纪还小，心跳了好半天。前天狼子村佃户来说吃心肝的事，他也毫不奇怪，不住的点头。可见心思是同从前一样狠。既然可以"易子而食"，便什么都易得，什么人都吃得。我从前单听他讲道理，也糊涂过去；现在晓得他讲道理的时候，不但唇边还抹着人油，而且心里满装着吃人的意思。

六

黑漆漆的，不知是日是夜。赵家的狗又叫起来了。

狮子似的凶心，兔子的怯弱，狐狸的狡猾，……

七

我晓得他们的方法，直捷杀了，是不肯的，而且也不敢，怕有祸祟。所以他们大家连络，布满了罗网，逼我自戕。试看前几天街上男女的样子，和这几天我大哥的作为，便足可悟出八九分了。最好是解下腰带，挂在梁上，自己紧紧勒死；他们没有杀人的罪名，又偿了心愿，自然都欢天喜地的发出一种呜呜咽咽的笑声。否则惊吓忧愁死了，虽则略瘦，也还可以首肯几下。

他们是只会吃死肉的！——记得什么书上说，有一种东西，叫"海乙那"的，眼光和样子都很难看；时常吃死肉，连极大的骨头，都细细嚼烂，咽下肚子去，想起来也教人害怕。"海乙那"是狼的亲眷，狼是狗的本家。前天赵家的狗，看我几眼，可见他也同谋，早已接洽。老头子眼看着地，岂能瞒得我过。

最可怜的是我的大哥。他也是人，何以毫不害怕；而且合伙吃我呢？还是历来惯了，不以为非呢？还是丧了良心，明知故犯呢？

我诅咒吃人的人，先从他起头；要劝转吃人的人，也先从他下手。

八

其实这种道理，到了现在，他们也该早已懂得，……

忽然来了一个人，年纪不过二十左右，相貌是不很看得清楚，满面笑容，对了我点头，他的笑也不像真笑。我便问他，"吃人的事，对么？"他仍然笑着说，"不是荒年，怎么会吃人。"我立刻就晓得，他也是一伙，喜欢吃人的；便自勇气百倍，偏要问他。

"对么？"

"这等事问他什么。你真会……说笑话。……今天天气很好。"

"天气是好，月色也很亮了。可是我要问你，'对么？'"

他不以为然了。含含胡胡的答道，"不……"

"不对？他们何以竟吃？！"

"没有的事……"

"没有的事？狼子村现吃；还有书上都写着，通红崭新！"

他便变了脸，铁一般青。睁着眼说，"也许有的，这是从来如此……"

"从来如此，便对么？"

"我不同你讲这些道理；总之你不该说，你说便是你错！"

我直跳起来，张开眼，这人便不见了。全身出了一大片汗。他的年纪，比我大哥小得远，居然也是一伙；这一定是他娘老子先教的。还怕已经教给他儿子了；所以连小孩子，也都恶狠狠的看我。

九

自己想吃人，又怕被别人吃了，都用着疑心极深的眼光，面面相觑。……

去了这心思，放心做事走路吃饭睡觉，何等舒服！这只是一条门槛，一个关头。他们可是父子兄弟夫妇朋友师生仇敌和各不相识的人，都结成一伙，互相劝勉，互相牵掣，死也不肯跨过这一步。

十

大清早，去寻我大哥；他立在堂门外看天，我便走到他背后，拦住门，格外沉静，格外和气的对他说，

"大哥，我有话告诉你。"

"你说就是。"他赶紧回过脸来，点点头。

"我只有几句话，可是说不出来。大哥，大约当初野蛮的人，都吃过一点人。后来因为心思不同，有的不吃人了，一味要好，便变了人，变了真的人。有的却还吃，——也同虫子一样，有的变了鱼鸟猴子，一直变到人。有的不要好，至今还是虫子。这吃人的人比不吃人的人，何等惭愧。怕比虫子的惭愧猴子，还差得很远很远。"

"易牙蒸了他儿子，给桀纣吃，还是一直从前的事。谁晓得从盘古开辟天地以后，一直吃到易牙的儿子；从易牙的儿子，一直吃到徐锡林；从徐锡林，又一直吃到狼子村捉住的人。去年

城里杀了犯人，还有一个生痨病的人，用馒头蘸血舐。"

"他们要吃我，你一个人，原也无法可想；然而又何必去入伙。吃人的人，什么事做不出；他们会吃我，也会吃你，一伙里面，也会自吃。但只要转一步，只要立刻改了，也就人人太平。虽然从来如此，我们今天也可以格外要好，说是不能! 大哥，我相信你能说，前天佃户要减租，你说过不能。"

当初，他还只是冷笑，随后眼光便凶狠起来，一到说破他们的隐情，那就满脸都变成青色了。大门外立着一伙人，赵贵翁和他的狗，也在里面，都探头探脑的挨进来。有的是看不出面貌，似乎用布蒙着；有的是仍旧青面獠牙，抿着嘴笑。我认识他们是一伙，都是吃人的人。可是也晓得他们心思很不一样，一种是以为从来如此，应该吃的；一种是知道不该吃，可是仍然要吃，又怕别人说破他，所以听了我的话，越发气愤不过，可是抿着嘴冷笑。

这时候，大哥也忽然显出凶相，高声喝道，"都出去! 疯子有什么好看! "

这时候，我又懂得一件他们的巧妙了。他们岂但不肯改，而且早已布置；预备下一个疯子的名目罩上我。将来吃了，不但太平无事，怕还会有人见情。佃户说的大家吃了一个恶人，正是这方法。这是他们的老谱!

陈老五也气愤愤的直走进来。如何按得住我的口，我偏要对这伙人说：

"你们可以改了，从真心改起! 要晓得将来容不得吃人的人，活在世上。

"你们要不改，自己也会吃尽。即使生得多，也会给真的人除灭了，同猎人打完狼子一样！——同虫子一样！"

那一伙人，都被陈老五赶走了。大哥也不知那里去了。陈老五劝我回屋子里去。屋里面全是黑沉沉的，横梁和椽子都在头上发一抖；抖了一会，就大起来，堆在我身上。

万分沉重，动弹不得；他的意思是要我死。我晓得他的沉重是假的，便挣扎出来，出了一身汗。可是偏要说："你们立刻改了，从真心改起！你们要晓得将来是容不得吃人的人……"

十一

太阳也不出，门也不开，日日是两顿饭。

我捏起筷子，便想起我大哥；晓得妹一子死掉的缘故，也全在他。那时我妹子才五岁，可爱可怜的样子，还在眼前。母亲哭个不住，他却劝母亲不要哭；大约因为自己吃了，哭起来不免有点过意不去。如果还能过意不去，……

妹子是被大哥吃了，母亲知道没有，我可不得而知。

母亲想也知道；不过哭的时候，却并没有说明，大约也以为应当的了。记得我四五岁时，坐在堂前乘凉，大哥说爷娘生病，做儿子的须割下一片肉来，煮熟了请他吃，才算好人；母亲也没有说不行。一片吃得，整个的自然也吃得。但是那天的哭法，现在想起来，实在还教人伤心，这真是奇极的事！

十二

不能想了。

四千年来时时吃人的地方，今天才明白，我也在其中混了多年；大哥正管着家务，妹子恰恰死了，他未必不和在饭菜里，暗暗给我们吃。

我未必无意之中，不吃了我妹子的几片肉，现在也轮到我自己，……

有了四千年吃人履历的我，当初虽然不知道，现在明白，难见真的人！

没有吃过人的孩子，或者还有？

救救孩子……

一九一八年四月

呐喊

呐喊自序

我在年青时候也曾经做过许多梦，后来大半忘却了，但自己也并不以为可惜。所谓回忆者，虽说可以使人欢欣，有时也不免使人寂寞，使精神的丝缕还牵着已逝的寂寞的时光，又有什么意味呢，而我偏苦于不能全忘却，这不能全忘的一部分，到现在便成了《呐喊》的来由。

我有四年多，曾经常常——几乎是每天出入于质铺和药店里，年纪可是忘却了，总之是药店的柜台正和我一样高，质铺的是比我高一倍，我从一倍高的柜台外送上衣服或首饰去，在侮蔑里接了钱，再到一样高的柜台上给我久病的父亲去买药。回家之后，又须忙别的事了，因为开方的医生是最有名的，以此所用的药引也奇特：冬天的芦根，经霜三年的甘蔗，蟋蟀要原对的，结子的平地木，……多不是容易办到的东西。然而我的父亲终于日重一日的亡故了。

有谁从小康人家而坠入困顿的么，我以为在这途路中，大概可以看见世人的真面目；我要到N进K学堂去了，仿佛是想走异路，逃异地去寻求别样的人们。我的母亲没有法，办了八元的川资，说是由我的自便；然而伊哭了。这正是情理中的事，因为那时读书应试是正路，所谓学洋务，社会上便以为是一种走投无路的人，只得将灵魂卖给鬼子，要加倍的奚落而且排斥的，而况伊又看不见自己的儿子了。然而我也顾不得这些事，终于到N去进了K学堂了，在这学堂里，我才知道世上还有所谓格致、算学、地理、历史、绘图和体操。生理学并不教，但我们却看到些木版的《全体新论》和《化学卫生论》之类了。我还记得先前的医生的议论和方药，和现在所知道的比较起来，便渐渐的悟得中医不过是一种有意的或无意的骗子，同时又很起了对于被骗的病人和他的家族的同情，而且从译出的历史上，又知道了日本维新是大半发端于西方医学的事实。

因为这些幼稚的知识，后来便使我的学籍列在日本一个乡间的医学专门学校里了。我的梦很美满，预备卒业回来，救治像我父亲似的被误的病人的疾苦。战争时候便去当军医，一面又促进了国人对于维新的信仰。我已不知道教授微生物学的方法，现在又有了怎样的进步了，总之那时是用了电影，来显示微生物的形状的，因此有时讲义的一段落已完，而时间还没有到，教师便映些风景或时事的画片给学生看以用去这多余的光阴。其时正当日俄战争的时候，关于战事的画片自然也就比较的多了。我在这一个讲堂中，便须常常随喜我那同学们的拍手和喝采。有一回，我竟在画片上忽然会见我久违的许多中国人了。一个绑在中间，许多站在左右，一样是强壮的体格，而显出麻木的神情。据解说，则绑着的是替俄国做了军事上的侦探。正要被日军砍下头颅来示众，而围着的便是来赏鉴这示众的盛举的人们。

这一学年没有完毕，我已经到了东京了，因为从那一回以后，我便觉得医学并非一件紧要事，凡是愚弱的国民，即使体格如何健全，如何茁壮，也只能做毫无意义的示众的材料和看客，病死多少是不必以为不幸的。所以我们的第一要著，是在改变他们的精神，而善于改变精神的是，我那时以为当然要推文艺，于是想提倡文艺运动了。在东京的留学生很有学法政理化以至警察工业的，但没有人治文学和美术；可是在冷淡的空气中，也幸而寻到几个同志了，此外又邀集了必须的几个人，商量之后，第一步当然是出杂志，名目是取"新的生命"的意思，因为我们那时大抵带些复古的倾向，所以只谓之《新生》。

《新生》的出版之期接近了，但最先就隐去了若干担当文字的人，接着又逃走了资本，结果只剩下不名一钱的三个人。创始时候既已背时，失败时候当然无可告语，而其后却连这三个人也都为各自的运命所驱策，不能在一处纵谈将来的好梦了，这就是我们的并未产生的《新生》的结局。

我感到未尝经验的无聊，是自此以后的事。我当初是不知其所以然的；后来想，凡有一人的主张，得了赞和，是促其前进的，得了反对，是促其奋斗的，独有叫喊于生人中，而生人并无反应，既非赞同，也无反对，如置身毫无边际的荒原，无可措手的了，这是怎样的悲哀呵！我于是以我所感到者为寂寞。

这寂寞又一天一天的长大起来如大毒蛇，缠住了我的灵魂了。

然而我虽然自有无端的悲哀，却也并不愤懑，因为这经验使我反省看见自己了：就是我决不是一个振臂一呼应者云集的英雄。

只是我自己的寂寞是不可不驱除的，因为这于我太痛苦。我于是用了种种法，来麻醉自己的灵魂，使我沉入于国民中，使我回到古代去，后来已亲历或旁观过几样更寂寞更悲哀的事，都为我所不愿追怀，甘心使他们和我的脑一同消灭在泥土里的，但我的麻醉法却也似乎已经奏了功，再没有青年时候的慷慨激昂的意思了。

S会馆里有三间屋，相传是往昔曾在院子里的槐树上缢死过一个女人的，现在槐树已经高不可攀了，而这屋还没有人住；许多年，我便寓在这屋里钞古碑。客人少有人来，古碑中也遇不到什么问题和主义，而我的生命却居然暗暗的消去了，这也就是我惟一的愿望。夏夜，蚊子多了，便摇着蒲扇坐在槐树下，从密叶缝里看那一点一点的青天，晚出的槐蚕又每冰冷的落在头颈上。

那时偶或来谈的是一个老朋友金心异，将手提的大皮夹放在破桌上，脱下长衫，对面坐下了，因为怕狗，似乎心房还在怦怦的跳动。

"你钞了这些有什么用？"有一夜，他翻着我那古碑的钞本，发了研究的质问了。

"没有什么用。"

"那么，你钞他是什么意思呢？"

"没有什么意思。"

"我想，你可以做点文章……"

我懂得他的意思了，他们正办《新青年》，然而那时仿佛不特没有人来赞同，并且也还没有人来反对，我想，他们许是感到寂寞了，但是说：

"假如一间铁屋子，是绝无窗户而万难破毁的，里面有许多熟睡的人们，不久都要闷死了，然而是从昏睡入死灭，并不感到就死的悲哀。现在你大嚷起来，惊起了较为清醒的几个人，使这不幸的少数者来受无可挽救的临终的苦楚，你倒以为对得起他们么？"

"然而几个人既然起来，你不能说决没有毁坏这铁屋的希望。"

是的，我虽然自有我的确信，然而说到希望，却是不能抹杀的，因为希望是在于将来，决不能以我之必无的证明，来折服了他之所谓可有，于是我终于答应他也做文章了。这便是最初的一篇《狂人日记》。从此以后，便一发而不可收，每写些小说模样的文章，以敷衍朋友们的嘱托，积久了就有了十余篇。

在我自己，本以为现在是已经并非一个切迫而不能已于言的人了，但或者也还未能忘怀于当日自己的寂寞的悲哀罢。所以有时候仍不免呐喊几声，聊以慰藉那在寂寞里奔驰的猛士，使他不惮于前驱。至于我的喊声是勇猛或是悲哀，是可憎或是可笑，那倒是不暇顾及的；但既然是呐喊，则当然须听将令的了，所以我往往不恤用了曲笔，在《药》的瑜儿的坟上平空添上一个花环，在《明天》里也不叙单四嫂子竟没有做到看见儿子的梦，因为那时的主将是不主张消极的。至于自己，却也并不愿将自以为苦的寂寞，再来传染给也如我那年青时候似的正做着好梦的青年。

这样说来，我的小说和艺术的距离之远，也就可想而知了。然而到今日还能蒙着小说的名，甚而至于且有成集的机会，无论如何总不能不说是一件侥幸的事。但侥幸虽使我不安于心，而悬揣人间暂时还有读者，则究竟也仍然是高兴的。

所以我竟将我的短篇小说结集起来，而且付印了，又因为上面所说的缘由，便称之为《呐喊》。

闻一多文两篇

说　舞

（原载昆明《生活导报》第六十期·一九四四年三月十九日出版）

一场原始的罗曼司

假想我们是在参加着澳洲风行的一种科罗泼利（Corro Borry）舞。

灌木林中一块清理过的地面上，中间烧着野火，在满月的清辉下吐着熊熊的赤焰。现在舞人们还隐身在黑暗的丛林中从事化装。野火的那边，聚集着一群充当乐队的妇女。忽然林中发出一种坼裂声，紧跟着一阵沙沙的磨擦声——舞人们上场了。闯入火光圈里来的是三十个男子，一个个脸上涂着白垩，两眼描着圈环，身上和四肢画着些长的条纹。此外，脚踝上还系着成束的树叶，腰间围着兽皮裙。这时那些妇女已经面对面排成一个马蹄形。她们完全是裸着的。每人在两膝间绷着一块整齐的鲩鼠皮。舞师呢，他站在女人们和野火之间，穿的是通常的鲩皮围裙，两手各执一棒。观众或立或坐的围成一个圆圈。

　　舞师把舞人们巡视过一遭之后，就回身走向那些妇女们。突然他的棒子一拍，舞人们就闪电般的排成一行，走上前来。他再视察一番，停了停等行列完全就绪了，就发出信号来，跟着他的木棒的拍子，舞人们的脚步移动了，妇女们也敲着鲸皮唱起歌来。这样，一场科罗泼利便开始了。

　　拍子愈打愈紧，舞人的动作也愈敏捷，愈活泼，时时扭动全身，纵得很高。最后一齐发出一种尖锐的叫声，突然隐入灌木林中去了。场上空了一会儿。等舞师重新发出信号，舞人们又再度出现了。这次除舞队排成弧形外，一切和从前一样。妇女们出来时，一面打着拍子，一面更大声的唱，唱到几乎嗓子都要裂了，于是声音又低下来，低到几乎听不见声音。歌舞的尾声和第一折相仿佛。第三、四、五折又大同小异的表演过了。但有一次舞队是分成四行的，第一行退到一边，让后面几行向前迈进，到达妇人们面前，变作一个由身体四肢交锁成的不可解的结，可是各人手中的棒子依然在飞舞着。你直害怕他们会打破彼此的头，但是你放心，他们的动作无一不遵守着严格的规律，决不会出什么岔子的。这时情绪真紧张到极点。舞人们在自己的噪呼声中，不要命的顿着脚跳跃，妇女们也发狂似地打着拍子引吭高歌。响应着他们的热狂的，是那高烛云空的火光，急雨点似的劈拍的喷射着火光，最后舞师两臂高举，一阵震耳的掌声，舞人们退场了，妇女和观众也都一哄而散，抛下一片清冷的月光，照着野火的余烬渐渐熄灭了。

　　这就是一场澳洲的科罗泼利舞，但也可以代表各地域各时代任何性质的原始舞，因为它们的目的总不外乎下列这四点：
（一）以综合性的形态动员生命，（二）以律动性的本质表现生命，（三）以实用性的意义强调生命，和（四）以社会性的功能保障生命。

综合性的形态

舞是生命情调最直接、最实质、最尖锐、最单纯而又最充足的表现。生命的机能是动，而舞便是节奏的动，或更准确点，有节奏的移易地点的动，所以它直是生命机能的表演。但只有在原始舞里才看得出舞的真面目，因为它是真正全体生命机能的总动员，它是一切艺术中最大综合性的艺术。它包有乐与诗歌，那是不用说的。它还有造型艺术，舞人的身体是活动的雕刻，身上的文饰是图案，这也都显而易见。所当注意的是，画家所想尽方法而不能圆满解决的光的效果，这里借野火的照明，却轻轻地抓住了。而野火不但给了舞光，还给了它热，这触觉的刺激更超出了任何其它艺术部门的性能。最后，原始人在舞的艺术中最奇特的创造，是那月夜丛林的背景对于舞场的一种镜框作用。由于框外的静与暗，和框内的动与明，发生着对照作用，使框内一团声音光色的活动情绪更为集中，效果更为强烈，藉以刺缴他们自己对于时间（动静）和空间（明暗）的警觉性，也便加强了自己生命的实在性。原始舞看来简单，唯其简单，所以能包含无限的复杂。

律动性的本质

上文说舞是节奏的动，实则节奏与动，并非二事。世间决没有动而不成节奏的，如果没有节奏，我们便无从判明那是动。通常所谓"节奏"是一种节度整齐的动，节度不整齐的，我们只称之为"动"，或乱动，因此动与节奏的差别，实际只是动时节奏性强弱的程度上的差别，而并非两种性质根本不同的东西。上文已说过，生命的机能是动，而舞是有节奏的移易地点的动，所以也就是生命机能的表演。现在我们更可以明白，所谓表演与非表演，其间也只有程度的差别而已。一方面生命情绪的过度紧张，过度兴奋，以至成为一种压迫，我们需要一种更强烈，更集中的动，来宣泄它，和缓它，一方面紧张与兴奋的情绪，是一种压迫，也是一种愉快，所以我们也需要在更强烈，更集中的动中来享受它。常常有人讲，节奏的作用是在减少动的疲乏。诚然。但须知那减少疲乏的动机，是积极而非消极的，而节奏的作用是调整而非限制。因为由紧张的情绪发出的动是快乐，是可珍惜的，所以要用节奏来调整它，使它延长，而不致在乱动中轻轻浪费掉。其至这看法还是文明人的主观，态度还不够积极。节奏是为减轻疲乏的吗？如果疲乏是讨厌的，要不得的，不如干脆放弃它。放弃疲乏并不是难事，在那月夜，如果怕疲乏，躺在草地上对月亮发愣，不就完了吗？如果原始人真怕疲乏，就干脆没有舞那一套，因为无论怎样加以调整，最后疲乏总归是要来到的。不,他们的目的是在追求疲乏,而舞(节奏的动)是达到那目的最好的通路。一位著者形容新南威尔斯土人的舞说"……鼓声渐渐紧了,动作也渐渐快了,直至达到一种如闪电的速度。有时全体一跳跳到半空,当他们脚尖再触到地面时,那分开着的两腿上的肉腓,颤动得直使那白垩的条纹,看去好像蠕动的长蛇,同时一阵强烈的嘶~~~~~~声充满空中。"(那是他们的喘息声。)非洲布须曼人的摩科马舞(Mokoma)更是我们不能想象的。"舞者跳到十分疲劳,浑身淌着大汗,口里还发出千万种叫声,身体做着各种困难的动作,以至一个一个的,跌倒在地上,浴在源源而出的鼻血泊中。因此他们便叫这种舞作摩科马,意即血的舞。"总之,原始舞是一种剧烈的、紧张的、疲劳性的动,因为只有这样他们才体会到最高限度的生命情调。

实用性的意义

西方学者每分舞为模拟式的与操练式的二种,这又是文明人的主观看法。二者在形式上既无明确的界线,在意义上尤其相同。所谓模拟舞者,其目的,并不如一般人猜想的,在模拟的技巧本身,而是在模拟中所得的那逼真的情绪。他们甚至不是在不得已的心情下以假代真,或在客观的真不可能时,乃以主观的真权当客观的真。他们所求的只是那能加强他们的生命感的一种提炼的集中的生活经验——一杯能使他们陶醉的醇醴而酷烈的酒。只要能陶醉，那酒是真是假，倒不必计较，何况真与假，或主观与客观，对他们本没有多大区别呢？他们不因舞中的一"假"而从事于舞，正如他们不以巫术中的"假"而从事巫术。反之，正因他们相信那是真，才肯那样做，那样认真的做。（儿童的游戏亦复如此。）既然因日常生活经验不够提炼与集中，才要借艺术中的生活经验——舞来获得一醉。那么模拟日常生活经验，就模拟了它的不提炼与不集中，模拟得愈像，便愈不提炼，愈不集中，所以最彻底的方法，是连模拟也放弃了，而仅剩下一种抽象的节奏的动。这种舞与其称为操练舞，不如称为"纯舞"，也许还比较接近原始心理的真相。一方面，在高度的律动中，舞者自身得到一种生命的真实感，（一种觉得自己是活着的感觉。）那是一种满足。另一方面，观者从感染作用，也得到同样的生命的真实感，那也是一种满足，舞的实用意义便在这里。

社会性的功能

或有本身的直接经验（舞者），或由感染式的间接经验（观者），因而得到一种觉着自己是活着的感觉，这虽是一种满足，但还不算满足的极致。最高的满足，是感到自己和大家一同活着，各人以彼此的"活"互相印证，互相支持，使各人自己的"活"更加真实，更加稳固，这样的满足才是完整的、绝对的。这群体生活的大和谐的意义，便是舞的社会功能的最高意义。

由和谐的意识而发生一种团结与秩序的作用，便是舞的社会功能的次一等的意义。关于这点，高乐斯（Ernest Groose）讲得最好："在跳舞的白热中，许多参与者都混成一体，好像是被一种感情所激动而动作的单一体。在跳舞期间，他们是在完全统一的社会态度之下，舞群的感觉和动作正像一个单一的有机体。原始跳舞的社会意义全在乎统一社会的感应力。他们领导并训练一群人，使他们在一种动机、一种感情之下，为一种目的而活动。（在他们组织散漫和不安定的生活状态中，他们的行为常与各个不同的需要和欲望所驱使。）它至少乘机介绍了秩序和团结给这狩猎民族的散漫无定的生活。除战争外，恐怕跳舞对于原始部落的人，是唯一的使他觉着休戚相关的时机。它也是对于战争最好的准备之一，因为操练式的跳舞有许多地方相当于我们的军事训练。在人类文化发展上，过分估计原始跳舞的重要性，是一件困难的事。一切高级文化，是以各个社会成分的一致有秩序的，作为基础的，而原始人类却以跳舞训练这种合作。"舞的第三种社会功能更为实际。上文说过，主观的真与客观的真，在原始人类意识中，没有明确的分野。在感情极度紧张时，二者尤易混淆，所以原始舞往往弄假成真，因而发生不少的暴行。正因假的能发生真的后果，所以他们常常用这假的作为钩引真的媒介。许多关于原始人类战争的记载，都说是以跳舞开场的，而在我国古代，武王伐纣前夕的歌舞，即所谓《武宿夜》者，也是一个例证。

龙　凤

前些时接到一个新兴刊物负责人一封征稿的信，最使我发生兴味的是那刊物的新颖命名——《龙凤》，虽则照那篇《缘起》看，聪明的主编者自己似乎并未了解这两字中丰富而深邃的含义。无疑的他是被这两个字的奇异的光艳所吸引，他迷惑于那蛇皮的夺目的色彩，却没理会蛇齿中埋伏着的毒素，他全然不知道在玩弄色彩时，自己是在与毒素同谋。

就最早的意义说，龙与凤代表着我们古代民族中最基本的两个单元——夏民族与殷民族，因为在"鲧死……化为黄龙，是用出禹"和"天命玄鸟（即凤），降而生商"两个神话中，我们依稀看出，龙是原始夏人的图腾，凤是原始殷人的图腾，（我说原始夏人和原始殷人，因为历史上夏殷两个朝代，已经离开图腾文化时期很远，而所谓图腾者，乃是远在夏代和殷代以前的夏人和殷人的一种制度兼信仰。）因之把龙凤当做我们民族发祥和文化肇端的象征，可说是再恰当没有了。若有人愿意专就这点着眼，而想借"龙凤"二字来提高民族意识和情绪，那倒无可厚非。可惜这层历史社会学的意义在一般中国人心目中并不存在，而"龙凤"给一般人所引起的联想则分明是另一种东西。

图腾式的民族社会早已变成了国家，而封建王国又早已变成了大一统的帝国，这时一个图腾生物已经不是全体族员的共同祖先，而只是最高统治者一姓的祖先，所以我们记忆中的龙凤，只是帝王与后妃的符瑞，和他们及她们宫室舆服的装饰"母题"，一言以蔽之，它们只是"帝德"与"天威"的标记。有了一姓，便对应地产生了百姓，一姓的尊荣，便天然地决定了百姓的苦难。

你记得复辟与龙旗的不可分离性，你便会原谅我看见"龙凤"二字而不禁怵目惊心的苦衷了。我是不同意于"天王圣明，臣罪当诛"的奴才意识，为的是我是一个人啊！。

《缘起》中也提到过"龙凤"二字在文化思想方面的象征意义，他指出了文献中以龙比老子的故事，却忘了一副天生巧对的下联，那便是以凤比孔子的故事。可巧故事都见于《庄子》一书。《天运篇》说孔子见过老聃后，整呆了三天说不出话，弟子们问他给"老聃"讲了些什么，他说："吾乃今于是乎见龙——龙合而成体，散而成章，乘云气而养（翔）乎阴阳，予口张而不能噜，舌举而不能讯[1]，予又何规老聃哉！"这是常用的典。（也就是许多姓李的楹联中所谓"犹龙世泽"的来历。）至于以凤比孔子的典故，也近在眼前，不知为什么从未成为词章家"獭祭"的资料，孔子到了楚国，著名的疯子接舆所唱的那充满讽刺性的歌儿——

凤兮凤兮！

何如（汝）德之衰也！

来世不可待，

往世不可追也！……

1.以上六字从江南古藏本补。

不但见于《庄子》(《人间世》),还见于《论语》(《微子》),是以前读死书的人不大认识字,不知道"如"是"汝"的假借,因而没弄清话中的意思吗?可是《汉石经》《论语》"如"作"而","而"字本也训"汝",那么歌词的喻意,至少汉人是懂得。另一个也许更有趣的以凤比孔子的出典,见于唐宋《类书》[1]所引的一段《庄子》佚文:

老子见孔子从弟子五人,问曰:"前[2]为谁?"

对曰:"子路,勇且力[3]。其次子贡为智,曾子为孝,颜回为仁,子张为武。"

老子叹曰:"吾闻南方有鸟,其名为凤……凤鸟之文,戴圣婴仁,右智左贤……"

这里以凤比孔子,似乎更明显。尤其有趣的是,那次孔子称老子为龙,这次是老子回敬孔子,比他做凤,龙凤是天生的一对,孔老也是天生的一对,而话又出自彼此的口中,典则同见于《庄子》。你说这天生巧对是庄子巧思的创造,意匠的游戏——又是他老先生的"谬悠之说,荒唐之言,无端崖之辞"吗?也不尽然。

前面说过原始殷人是以凤为图腾的,而孔子是殷人之后,

1.《艺文类聚》九〇,《太平御览》九一五。

2.《类聚》脱前字,依《御览》补。

3.《类聚》作"子路为勇",此从《御览》。

我们尤其熟悉。老子是楚人，向来无异词，楚是祝融六姓中芈姓季连之后，而祝融，据近人的说法，就是那"人面龙身而无足"的烛龙，然则原始楚人也当是一个龙图腾的族团。以老子为龙，孔子为凤，可能是庄子的寓言，但寓言的产生也该有着一种素地，民俗学的素地。（这可以《庄子》书中许多其他的寓言为证。）其实凤是殷人的象征，孔子是殷人的后裔，呼孔子为凤，无异称他为殷人。龙是夏人的，也是楚人的象征，说老子是龙，等于说他是楚人，或夏人的本家。中国最古的民族单元不外夏殷，最典型中国式而最有支配势力的思想家莫如孔老，刊物命名为"龙凤"，不仅象征了民族，也象征了最能代表民族气质的思想家，这从某种观点看，不能不说是中国有刊物以来最漂亮的名字了！

然而，还是庄子的道理，"腐臭复化为神奇，神奇复化为腐臭"——从另一种观点看，最漂亮的说不定也就是最丑恶的。我们在上文说过，图腾式的民族社会早已变成了国家。而封建的王国又早已变成了大一统的帝国，在我们今天的记忆中，龙凤只是"帝德"与"天威"的标记而已。现在从这角度来打量孔老，恕我只能看见一位"申申如也，天天如也"，而谄上骄下的司寇，和一位以"大巧若拙"的手段"助纣为虐"的柱下吏，（五千言本也是"君人南面之术"。）有时两个身影叠成一个，便又幻出忽而"内老外儒"，忽而"外老内儒"，种种的奇形怪状。要晓得这条"见首不见尾"的阴谋家——龙，这只"戴圣婴仁"的伪君子——凤，或二者的混合体，和那象征着"帝德""天威"

的龙凤,是不可须臾离的。有了主子,就用得着奴才,有了奴才,也必然会捧出一个主子,帝王与士大夫是相依为命的。主子的淫威和奴才的恶毒——暴发户与破落户双重势力的结合,压得人民半死不活。三千年惨痛的记忆,教我们面对这意味深长的"龙凤"二字,怎能不怵目惊心呢!

事实上,生物界只有穷凶极恶而诡计多端的蛇和受人豢养,替人帮闲,而终不免被人宰割的鸡,哪有什么龙和凤呢?科学来了,神话该退位了。办刊物的人也得当心,再不得要让"死的拉住活的"了!

要不然,万一非给这民族选定一个象征性的生物不可,那就还是狮子罢,我说还是那能够怒吼的狮子罢,如果它不再太贪睡的话。

朱自清文两篇

文学的标准和尺度

我们说"标准"，有两个意思。一是不自觉的，一是自觉的。不自觉的是我们接受的传统的种种标准。我们应用这些标准衡量种种事物种种人，但是对这些标准本身并不怀疑，并不衡量，只照样接受下来，作为生活的方便。自觉的是我们修正了的传统的种种标准，以及采用的外来的种种标准。这种种自觉的标准，在开始出现的时候大概多少经过我们的衡量；而这种衡量是配合着生活的需要的。本文只称不自觉的种种标准为"标准"，改称种种自觉的标准为"尺度"来显示这两者的分别。"标准"原也离不了尺度，但尺度似乎不像标准那样固定；近来常说"放宽尺度"，既然可以"放宽"，就不是固定的了。这种"标准"和"尺度"的分别，在一个变得快的时代最容易觉得出；在道德方面在学术方面如此，在文学方面也如此。

中国传统的文学以诗文为正宗，大多数出于士大夫之手。士大夫配合君主掌握着政权。做了官是大夫，没有做官是士；士是候补的大夫。君主士大夫合为一个封建集团，他们的利害是共同的。这个集团的传统的文学标准，大概可用"儒雅风流"一语来代表。载道或言志的文学以"儒雅"为标准，缘情与隐逸的文学以"风流"为标准。有的人"达则兼济天下，穷则独善其身"，表现这种情志的是载道或言志。这个得有"正其谊不谋其利，明其道不计其功"的抱负，得有"怨而不怒""温柔敦厚"的涵养，得用"熔经铸史""含英咀华"的语言。这就是"儒雅"的标准。有的人纵情于醇酒妇人，或寄情于田园山水，表现这种种情志的是缘情或隐逸之风。这个得有"妙赏""深情"和"玄心"，也得用"含英咀华"的语言。这就是"风流"的标准。（关于"风流"的解释，用冯友兰先生说，见《论风流》一文中。）

现阶段看整个的传统的文学，我们可以说"儒雅风流"是标准。但是看历代文学的发展，中间还有许多变化。即如诗本是"言志"的，陆机却说"诗缘情而绮靡"。"言志"其实就是"载道"，与"缘情"大不相同。陆机实在是用了新的尺度。"诗言志"这一个语在开始出现的时候，原也是一种尺度；后来得到公认而流传，就成为一种标准。说陆机用了新的尺度，是对"诗言志"那个旧尺度而言。这个新尺度后来也得到公认而流传，成为又一种标准。又如南朝文学的求新，后来文学的复古，其实都是在变化；在变化的时候也都是用着新的尺度。固然这种新尺度大致只伸缩于"儒雅"和"风流"两种标准之间，但是每回伸缩的长短不同，疏密不同，各有各的特色。文学史的扩展从这种种尺度里见出。

这种尺度表现在文论和选集里，也就是表现在文学批评里。中国的文学批评以各种形式出现。魏文帝的《论文》是在一般学术的批评的《典论》里，陆机《文赋》也许可以说是独立的文学批评的创始，他将文作为一个独立的课题来讨论。此后有了选集，这里面分别体类，叙述源流，指点得失，都是批评的工作。又有了《文心雕龙》和《诗品》两部批评专著。还有史书的文学传论，别集的序跋和别集中的书信。这些都是比较有系统的文学批评，各有各的尺度。这些尺度有的依据着"儒雅"那个标准，结果就是复古的文学，有的依据着"风流"那个标准，结果就是标新的文学。但是所谓复古，其实也还是求变化求新；韩愈提倡古文，却主张务去陈言，戛戛独造，是最显著的例子。古文运动从独造新语上最见出成绩来。胡适之先生说文学革命都从文字或文体的解放开始，是有道理的，因为这里最容易见出改变了的尺度。现代语体文学是标新的，不是复古的，却也可以说是从文字或文体的解放开始；就从这语体上，分明的看出我们的新尺度。

这种语体文学的尺度，如一般人所公认，大部分是受了外国的影响，就是依据着种种外国的标准。但是我们的文学史中原也有这样一股支流，和那正宗的或主流的文学由分而合的相配而行。明代的公安派和竟陵派自然是这支流的一段，但这支流的渊源很古久，截取这一段来说是不正确的。汉以前我们的言和文比较接近，即使不能说是一致。从孔子"有教无类"起，教育渐渐开放给平民，受教育的渐渐多起来。这种受了教育的人也称为"士"，可是跟从前贵族的士不同，这些只是些"读书人"。士的增多影响了语言和文体，话要说得明白，说得详细，当时的著述是说话的纪录，自然也是这样。这里面该有平民语调的参入，虽然我们不能确切的指出。汉代辞赋发达，主要的作为宫廷文学；后来变为远于说话的骈俪的体制，士大夫就通用这种体制。可是另一方面，游历了通都大邑名山大川的司马迁，却还用那近乎说话的文体作《史记》，古里古怪的扬雄跟《问孔》《刺孟》的王充，也还用这种文体作《法言》和《论衡》；而乐府诗来自民间，不用问更近于说话。可见这种文体是废不掉的。就是骈俪文盛行的时代，也还有《世说新语》，记录那时代的说话。到了唐代的韩愈，提倡"气盛言宜"的古文，"气盛言宜"就是说话的调子，至少是近于说话的调子，还有语录和笔记，起于唐而盛于宋，还有来自民间的词，这些也都用着说话或近于说话的调子。东汉以来逐渐建立起来的门阀，到了唐代中叶垮了台，"寻常百姓"的士又增多起来，加上宋代印刷和教育的发达，所以那种详明如语的文体就大大的发达了。到了元明两代，又有了戏曲和小说，更是以说话体就是语体为主。公安派、竟陵派接受了这股支流，努力想将它变成主流，但是这一个尝试失败了。直到现代，一个新的尝试才完成了语体文学、新文学，也就是现代文学。

从以上一段语体文学发展的简史里可以看出种种伸缩的尺度。这些尺度大体上固然不出乎"儒雅"和"风流"那两个标准，可是像语录和笔记，有些恐怕只够"儒"而不够"雅"，有些恐怕既不够"儒"也不够"雅"，不够"雅"，因为用俗语或近乎俗语，不够"儒"因为只是一些细事，无关德教，也与风流不相干。汉乐府跟《世说新语》也用俗语，虽然现在已将那些俗语看作了古典。戏曲和小说有的别忠奸，寓劝惩，叙风流，固然够得上标准，有的却不够儒雅，不算风流。在过去的文学传统里，这两种本没有地位，所谓不在话下。不过我们现在得给这些不够格的分别来个交代。我们说戏曲和小说可以见人情物理，这可以叫做"观风"的尺度，《礼记》里说诗可以"观民风"；可以观风，也就拐了弯儿达到了"儒雅"那个标准。戏曲和小说不但可以观民风，还可以观士风，而观风就是写实，就是反映社会，反映时代。这是社会的描写，时代的纪录。在我们看来，用不到再绕到"儒雅"那个标准之下，就足够存在的理由了。那些无关政教也不算风流的笔记，也可以这么看。这个"人情物理"或"观风"的尺度原是依据了"儒雅"那个标准定出来的，可是唐代中叶以后，这个尺度似乎已经暗地里独立运用，这已经不是上德化下的尺度而是下情上达的尺度了。人民参加着定了这个尺度，而俗语的参入文学，正与这个尺度配合着。

说是人民参加着订定文学的尺度，如上文所提到的，该起于春秋末年贵族渐渐没落平民渐渐兴起的时候。这些受了教育的平民加入了统治集团，多少还带着他们的情感和语言。这种新的士流日渐增加，自然就影响了文化的面目乃至精神。汉乐府的搜集与流行，就在这样氛围之中。韩诗解《伐木》一篇，说到"饥者歌其食，劳者歌其事"。"饥者歌其食，劳者歌其事"正是"人情物理"，正是"观风"；这说明了三百篇里的一些诗，也说明了乐府里的一些诗。"饥者歌其食，劳者歌其事"，自然周代的贵族也会如此的，可是这两句话带着浓重的平民的色彩；配合着语言的通俗，尤其可以见出。这就是前面说的"参加"，这参加倒是不自觉的。但那"人情物理"或"观风"的尺度的订定却是自觉的。汉以来的社会是士民对立，同时也是士民流通。《世说新语》里纪录一些俗语，取其自然。在"风流"的标准下，一般的固然以"含英咀华"的语言为主，但是到了这时代稍加改变，取了"自然"这个尺度，也不足为怪的。

唐代中叶以后，士民间的流通更自由了，士人是更多了。于是乎"人情物理"的著作也更多。元代蒙古人压迫汉人，士大夫的地位降低下去。真正领导文坛的是一些吏人以及"书会先生"。他们依据了"人情物理"的尺度作了许多戏曲。明代士大夫的地位高了些，但是还在暴君压制之下。他们这时却恢复了文坛的领导权，他们可也在作戏曲，并且在提倡小说，作小说了。公安派、竟陵派就是受了这种风气的影响而形成的。清代士大夫的地位又高了，但是又在外族统治之下，还不能恢复元代以前的地位。他们也在作戏曲和小说，可是戏曲和小说始终还是小道，不能跟诗文并列为正宗。"人情物理"还是一种尺度，不能成为标准。但是平民对文学的影响确乎渐渐在扩大。原来士民的对立并不是严格的。尤其在文学上，平民所表现的生活还是以他们所"不能至而心向往之"的士大夫生活为标准。他们受自己的生活折磨够了，只羡慕着士大夫的生活，可又只能耐着苦羡慕着，不知道怎样用行动去争取，至多是表现在他们的文学就是民间文学里；低级趣味是免不了的。但那时他们的理想是爬上高处去。这样士大夫的文学接受他们的影响，也算是个顺势。虽然"人情物理"和"通俗"到清代还没有成为标准，可是"自然"这尺度从晋代以来已渐渐成为一种标准。这究竟显出了人民的力量。

　　大清帝国改了中华民国，新文化运动新文学运动配合着五四运动画出了一个新时代。大家拥戴的是"德先生"和"赛先生"，就是民主与科学。但是实际上做到的是打倒礼教也就是反封建的工作。反封建解放了个人，也发现了民众，于是乎有了个人主义和人道主义；前者是实践，后者还是理论。这里得指出在那个阶段上，我们是接受了种种外国标准，而向现代化进行着。这时的社会已经不是士民的对立，而是封建的军阀官僚和人民的对立。从清末开设学校，受教育的人大量增多。士或读书人渐渐变了质，到这时一部分成为军阀和官僚的帮闲，大部分却成了游离的知识阶级。知识阶级从军阀和官僚独立，却还不能跟民众联合起来，所以是游离着。这里面大部分是青年学生。这时候的文学是语体文学，开始似乎是应用着"人情物理""通俗"那两个尺度以及"自然"那个标准。然而"人情物理"变了质成为"打倒礼教"就是"反封建"也就是"个人主义"这个标准，"通俗"和"自然"也让步给那"欧化"的新尺度；这"欧化"的尺度后来并且也成了标准。用欧化的语言表现个人主义，顺带着人道主，是这时期知识阶级向着现代化的路。

　　五卅运动接着国民革命，发展了反帝国主义运动。于是

"反帝国主义"也成了文学的一种尺度。抗战起来，"抗战"立即成了一切的标准，文学自然也在其中。胜利却带来了一个动乱时代，民主运动发展，"民主"成广大应用的尺度，文学也在其中。这时候知识阶级渐渐走近了民众，"人道主义"那个尺度变质成为"社会主义"的尺度，"自然"又调剂着"欧化"，这样与"民主"配合起来。但是实际上做到的还只是暴露丑恶和斗争丑恶。这是向着新社会发脚的路。受教育的越来越多，这条路上的人也将越来越多，文学终于要配合上那新的"民主"的尺度向前迈进的。大概文学的标准和尺度的变换，都与生活配合着，采用外国的标准也如此。表面上好像只是求新，其实求新是为了生活的高度深度或广度。社会上存在着特权阶级的时候，他们只见到高度和深度；特权阶级垮台以后，才能见到广度。从前有所谓雅俗之分，现在也还有低级趣味，就是从高度深度来比较的。可是现在渐渐强调广度，去配合着高度深度，普及同时也提高，这才是新的"民主"的尺度。要使这新尺度成为文学的新标准，还有待于我们自觉的努力。

古文学的欣赏

新文学运动开始的时候，胡适之先生宣布"古文"是"死文学"，给它撞丧钟，发讣闻。所谓"古文"，包括正宗的古文学。他是教人不必再做古文，却显然没有教人不必阅读和欣赏古文学。可是那时提倡新文化运动的人如吴稚晖、钱玄同两位先生，却教人将线装书丢在茅厕里。后来有过一回"骸骨的迷恋"的讨论，也是反对做旧诗，不是反对读旧诗。但是两回反对读经运动却是反对"读"的。反对读经，其实是反对礼教，反对封建思想；因为主张读经的人是主张传道给青年人，而他们心目中的道大概不离乎礼教，不离乎封建思想。强迫中小学生读经没有成为事实，却改了选读古书，为的了解"固有文化"。为了解固有文化而选读古书，似乎是国民分内的事，所以大家没有说话。可是后来有了"本位文化"论，引起许多人的反感；本位文化论跟早年的保存国粹论同而不同，这不是残余的而是新兴的反动势力。这激起许多人，特别是青年人，反对读古书。

可是另一方面，在本位文化论之前有过一段关于"文学遗产"的讨论。讨论的主旨是如何接受文学遗产，倒不是扬弃它；自然，讨论到"如何"接受，也不免有所分别扬弃的。讨论似乎没有多少具体的结果，但是"批判的接受"这个广泛的原则，大家好像都承认。接着还有一回范围较小，性质相近的讨论。那是关于《庄子》和《文选》的。说《庄子》和《文选》的词汇可以帮助语体文的写作，的确有些不切实际。接受文学遗产若从"做"的一面看，似乎只有写作的态度可以直接供我们参考，至于篇章字句、文言语体各有标准，我们尽可以比较研究，却不能直接学习。因此许多大中学生厌弃教本里的文言，认为无益于写作；他们反对读古书，这也是主要的原因之一。但是流行的《作文法》《修辞学》《文学概论》这些书，举例说明，往往古今中外兼容并包；青年人对这些书里的"古文今解"倒是津津有味的读着，并不厌弃似的。从这里可以看出青年人虽然不愿信古，不愿学古，可是给予适当的帮助，他们却愿意也能够欣赏古文学，这也就是接受文学遗产了。

说到古今中外，我们自然想到翻译的外国文学。从新文学运动以来，语体翻译的外国作品数目不少，其中近代作品占多数；这几年更集中于现代作品，尤其是苏联的。但是希腊、罗马的古典，也有人译，有人读，直到最近都如此。莎士比亚至少也有两种译本。可见一般读者（自然是青年人多），对外国的古典也在爱好着。可见只要能够让他们接近，他们似乎是愿意接受文学遗产的，不论中外。而事实上外国的古典倒容易接近些。有些青年人以为古书古文学里的生活跟现代隔得太远，远得渺渺茫茫的，所以他们不能也不愿接受那些。但是外国古典该隔得更远了，怎么事实上倒反容易接受些呢？我想从头来说起，古人所谓"人情不相远"是有道理的。尽管社会组织不一样，尽管意识形态不一样，人情总还有不相远的地方。喜怒哀乐爱恶欲总还是喜怒哀乐爱恶欲，虽然对象不尽同，表现也不尽同。对象和表现的不同，由于风俗习惯的不同；风俗习惯的不同，由于地理环境和社会组织的不同。使我们跟古代跟外国隔得远的，就是这种种风俗习惯；而使我们跟古文学跟外国文学隔得远的尤其是可以算做风俗习惯的一环的语言文字。语体翻译的外国文学打通了这一关，所以倒比古文学容易接受些。

人情或人性不相远，而历史是连续的，这才说得上接受古文学。但是这是现代，我们有我们的立场。得弄清楚自己的立场，所谓"知己知彼"，然后才能分别出哪些是该扬弃的，那些是该保留的。弄清楚立场就是清算，也就是批判；"批判的接受"就是一面接受着，一面批判着。自己有立场，却并不妨碍了解或认识古文学，因为一面可以设身处地为古人着想，一面还是可以回到自己立场上批判的。这"设身处地"是欣赏的重要的关键，也就是所谓"感情移入"。个人生活在群体中，多少能够体会别人，多少能够为别人着想。关心朋友，关心大众，恕道和同情，都由于设身处地为别人着想；甚至"替古人担忧"，也由于此。演戏，看戏，一是设身处地的演出，一是设身处地的看人。做人不要做坏人，做戏有时候却得做坏人。看戏恨坏人，有的人竟会丢石子甚至动手去打那戏台上的坏人。打起来确是过了分，然而不能不算是欣赏那坏人做得好，好得教这种看戏的忘了"我"。这种忘了"我"的人显然没有在批判着。有批判力的就不至如此，他们欣赏着，一面常常回到自己，自己的立场。欣赏跟行动分得开，欣赏有时可以影响行动，有时可以不影响，自己有分寸，做得主，就不至于糊涂了。读了武侠小说就结伴上峨眉山，的确是糊涂。所以培养欣赏力同时得培养批判力：不然，"有毒的"东西就太多了。然而青年人不愿意接受有些古书和古文学，倒不一定是怕那"毒"，他们的第一难关还是语言文字。

打通了语言文字这一关，欣赏古文学的就不会少，虽然不会赶上欣赏现代文学的多。语体翻译的外国古典可以为证。语体的旧小说如《水浒传》《西游记》《红楼梦》《儒林外史》，现在的读者大概比二三十年前要减少了，但是还拥有相当广大的读众。这些人欣赏打虎的武松，焚稿的林黛玉，却一般的未必崇拜武松，尤其未必崇拜林黛玉。他们欣赏武松的勇气和林黛玉的痴情，却嫌武松无知识，林黛玉不健康。欣赏跟崇拜也是分得开的。欣赏是情感的操练，可以增加情感的广度、深度，也可以增加高度。欣赏的对象或古或今，或中或外，影响行动或浅或深，但是那影响总是间接的，直接的影响是在情感上。有些行动固然也可以直接影响情感，但是欣赏的机会似乎更容易得到些。要培养情感，欣赏的机会越多越好；就文学而论，古今中外越多能欣赏越好。这其间古文和外国文学都有一道难关，语言文字。外国文学可用语体翻译，古文学的难关该也不难打通的。

　　我们得承认古文确是"死文字"，死语言，跟现在的语体或白话不是一种语言。这样看，打通这一关也可以用语体翻译。这办法早就有人用过，现代也还有人用着。记得清末有一部《古文析义》，每篇古文后边有一篇白话的解释，其实就是逐句的翻译。那些翻译够清楚的，虽然罗唆些。但是那只是一部不登大雅之堂的启蒙书，不曾引起人们注意。五四运动以后，整理国故引起了古书今译。顾颉刚先生的《盘庚篇今译》（见《古史辨》），最先引起我们的注意。他是要打破古书奥妙的气氛，所以将《尚书》里诘屈聱牙的这《盘庚》三篇用语体译出来，让大家看出那"鬼治主义"的把戏。他的翻译很谨严，也够确切；最难得的，又是三篇简洁明畅的白话文，独立起来看，也有意思。近来郭沫若先生在《由周代农事诗论到周代社会》一文（见《青铜时代》）里翻译了《诗经》的十篇诗，风雅颂都有。他是用来论周代社会的，译文可也都是明畅的素朴的白话散文诗。此外还有将《诗经》《楚辞》和《论语》作为文学来今译的，都是有意义的尝试。这种翻译的难处在乎译者的修养：他要能够了解古文学，批判古文学，还要能够照他所了解与批判的译成艺术性的或有风格的白话。

翻译之外，还有讲解，当然也是用白话。讲解是分析原文的意义并加以批判，跟翻译不同的是以原文为主。笔者在《国文月刊》里写的《古诗十九首集释》，叶绍钧先生和笔者合作的《精读指导举隅》（其中也有语体文的讲解），浦江清先生在《国文月刊》里写的《词的讲解》，都是这种尝试。有些读者嫌讲得太琐碎，有些却愿意细心读下去。还有就是白话注释，更是以读原文为主。这虽然有人试过，如《论语》白话注之类，可只是敷衍旧注，毫无新义，那注文又啰哩啰嗦的。现在得从头做起，最难的是注文用的白话，现行的语体文里没有这一体，得创作，要简明朴实。选出该注释的词句也不易，有新义更不易。此外还有一条路，可以叫做拟作。谢灵运有《拟魏太子邺中集》，综合的拟写建安诗人，用他们的口气作诗。江淹有《杂拟诗》三十首，也是综合而扼要的分别拟写历代无名和有名的五言诗人，也用他们自己的口气。这是用诗来拟诗。英国麦克士·毕尔榜著《圣诞花环》，却用散文来综合的扼要的拟写现代作家。他写照了各个作家，也写照了自己。这个新路子特别值得我们用白话来尝试。以上四条路都通到古文学的欣赏；我们要接受文学遗产，就可以从这些路子走进去。

附　编

中国大学教育之一问题

翁文灏

　　《清华大学纪念刊》将出版，学生们嘱我做一篇文充数，期限甚迫，只得将一些临时感想了（潦）草地写出来请大家指教。

　　我要说的是中国大学毕业的资格问题。中国办大学三十余年，最新立的也有了数年的历史，但是社会上似乎对于国内大学还是不大信仰。无论政府机关或是学术团体，用人的时候总是对于外国留学生待遇较高，本国毕业生待遇较低，甚至常有人说，某事较为重要必须请一留学生来办，某事关系较轻不妨请国内毕业者去做，昌言不讳视为当然。我听了总觉怀疑，难道中国大学教育真是名不符实毫无价值么？

　　其实不但是社会上一部份的人对于本国大学不大信仰，就是本国大学自己对于自己也明显的不信仰。最好的证据就是外国毕业的人一来就做教授，本国毕业的人老是做助教，极不容易得到教授的资格。教授与助教之间，好像就是留学与未留学的分别截然相离，地位上相差甚多。如此办法岂不是自己表示对于自己教育的不信任么？

　　这种态度究竟对或不对，当然应从事实上判定不能全凭感情立论。从事实上研究这个问题又可分为二层说法。第一层，留学生是否一定比本国毕业的能力好。第二层，本国大学毕业生的能力是否够用。对于第一问我个人的经验可以立刻答覆说不一定好，虽然确有很好的。对于第二问我也想大胆的说不一定够用，但往往也狠有可用的。

这种情形凡是实在做事的地方都可以见到，譬如从矿业上去看，从前北方某省一个有名的煤矿，他们聘用矿师几乎抱定主意只请本国毕业的，不敢轻易聘请留学生。这固然是用人者自身学识与留学生待遇上要求太高，都有关系，不尽是能力问题，但也可证明本国学生不是没用的。不但不是没用，而且往往大可重用。现在中国人自办或合办的煤矿之中，如某矿某矿（为避免个人标榜不敢举名），工人数千乃至盈万，出产每日数万元，皆是本国学矿的人做总工程师。此种人对于社会生产既有重大贡献，即他们自己亦所得甚丰，在专门职业上已可算告厥成功了。因为经验如此，所以现在中国开矿的大约没有人主张做总工程师一定要请留学生的了，虽然明白的人也相信留学生之中也确有好的人才。

其他实业界中也是一样，譬如在工厂中做化学试验，我也知道有几个本国毕业生——甚至尚未得到文凭的——工作的成绩以及待遇的优胜，都狠快地超过曾经留学的同侪以上了。

所以人才能力的大小，决不是留学与未留学所能分别的，于此也可见本国大学教育也实在有些用处，并非徒饰虚名。只有在政界里做官不外文书期会奉令承旨，专门的能力往往不易发挥，留学资格较有标准，所以看得极其重大。学校内教书因为积习相沿，而且青年学生往往对于教授能力辨别不清，所以有了外国的硕士博士头衔，往往较易对付。

当然，因为从前本国大学聘请教授过于偏重留学资格，不问学问成绩，往往使得本国大学学生难得导师，问津无人，因而毕业生成绩确不能像留学外国大学指导得人者真能得到真实的知识。这便是在比例数目上留学人才，好像确是超过本国毕业生的原因。但是外国的学士硕士确也有太容易取得的，真的有若干人在外国住了数年，得了真正文凭，而其学识经验实在比国内学生平均程度还远不能及。所以不论是外国或本国毕业，总是要继续努力，从事于本行的工作，才能成材。文凭上写的是中文，或是洋字，在实际工作上不一定会有绝对分别的。

现在本国各大学专门研究的设备逐渐进步了，各种专门学术研究机关也逐渐地发展了，中国学生在本国尽有可以造就之地。如果他能够用心读书，不要轻自待而厚责于人，我相信毕业之后，一定可以得到相当的程度与能力。即使教授人才或者不能十分完备，只要有一部份的领导之人，有志青年亦往往能青出于蓝，事实上确有证明。毕业之后在二三年乃至四五年之内（即等于出国留学的时期）不要过求速达，但须在国内挑选与所学适合可以继续研究或练习之地，努力工作，留心本行上在中国之实际问题及其解决方法，切实做去。如此做法一定可以养成真实的能力，一定不下于，甚至于可以超过相当时期留学外国的效力。这并不是说留学外国没有好处。但试想本国毕业之后再入外国大学，大抵不过可省一年或二年功夫，大多数功课都要从头读起，虽然教授有好坏，但是内容并不大异，所以这几年的书是重读了。重温旧书的功夫大概总抵不过实际工作之经验。固然社会上待遇对于国内十年工作，往往不及海外一纸文凭，所以弄得本国学生以出洋为青年惟一出路，事实如此不能尽怪青年之骛名弃实。但仔细想来社会上盲目重视海外文凭之浅见尚未尽祛的原因，反躬自省，究竟还是本国毕业生卓然自能表见者尚不甚多。如果照以上所说的办法切实努力，成绩既多，社会上也自然要承认了。

青年专想出洋，还有一种流弊，就是他认定了中国毕业之后反正还要留学一回，重温旧课，所以国内读书的时候不肯用心，只要敷衍毕业了事。这种心理并非理想，往往见有留学希望的学生在校用功的精神反不及无留学希望的学生好。我以为这种双重毕业的方法，原则上是认定本国大学不值一钱所以须要从头学起，在理论上是最不通的，在时间上更是太不经济。如果一定要在外国重新毕一次业，那就早些往外国去罢了，何必定要在中国白费几年？

当然，我们决不要抹杀留学的好处。我国科学萌芽未久，资格最好的老师，在世界学术界中最客气的说亦不过是后起之英，那里及得来先进诸国之专家林立经验丰富，学问上自满自足是万不可以的。但是我们要学并不是到外国大学弄一张文凭就够。中国大学的考试固然很宽，外国毕业的限制也不一定尽严。拿了一张文凭便以为毕尽了天下的业，不再继续用功，终必至把外国文凭的信用也有一天要破坏的。我们要学外国的方法我以为除了平常留学以外还有二个。头一个方法，是中国研究学术的人无论曾否留学都要常常与世界的学术有接触。不要关门自大，终必至进步全无。如何保存这种接触呢，除了多看新出书报以外，可以对于专门研究的问题与外国专门家通信研究。还可以由各大学与外国大学交换教授，如果一时无人可交换，也可以聘请短期的访问教授（Visiting professor），因为外国学者要到中国来游历，或要到中国来做些临时研究工作，事实上往往有的。这种教授往往是很好的，他在外国告一年半载的假仍可领一部份薪水，中国大学似乎很可以与他们商量，担任一部份的薪水及旅费，便可以得到名家来华的指导与讲授。现在中国学术界似乎与外国学者往来甚少。只见每年大队的青年，整批的到外国去上学听讲，刚刚听完了讲，有些工作的能力了，便回到国内被迫的来教他刚才听完的讲，往往功课的繁重使他少有工夫自己研究。久而久之世界的进步追上他的前头，连那讲义都老了。那未曾留学的更自己谦虚，保着矜持的态度，不大肯向前。十九世纪中期有一个西洋地质学家，被日本政府聘请去看矿，那时日本地质学也没有发达，一般日本人以为地质学家看矿有什么神秘的方法，所以跟他调查的人一路上问长问短的说，亦步亦趋地做，弄得他一刻也不得安闲。稍迟这个人又被中国政府请来找海军用的煤矿，中国人只有坐轿坐车的委员，却没有问长问短的学生。公事完后，他自己又往蒙古及长江流域走了一大圈，中国人便没有一个陪他了。这便是好学与不好学的分别。

　　还有一个意思，是要减少青年无目的的往外国大学从头读书拿文凭，而增加在中国已有经验已有成绩的成年专门家往外国去学特别的专门，与做国内实在不能做的研究。因为现在中国普通专门的人确已不少了，国内现在能造就的人才成绩也就很有可观了，可以做研究的机关也渐有了，这种进步，我们要大胆的承认，不必过于谦虚，以为求学问非往外国留学不行。但实在做事的时候无论是做一种科学的学理研究，或是办一个近代新式的机器工厂，甚至组织一个特别性质的行政机关，我们往往感觉缺乏若干特别经验，这种经验不能不向外国去学。但是要知道这种缺乏，要能够领受这种特别训练，当然非在国内已有充足教育及相当经验是不行的。

　　现在还有许多办教育及做学生的似乎尚未脱几十年前传统观念，把本国大学当做外国大学的预备学校，实在可惜。我这篇话就是对此而发。或者我所说的话不免有矫枉过正，我也承认，要请读者原谅，但事实上似乎确有些杆得矫一矫罢。

（原载《清华大学二十周年纪念刊》）

吾国学术之现状及清华之职责

陈寅恪

二十年以前之清华，不待予言。请略陈吾国之现状，及清华今后之责任。吾国大学之职责，在求本国学术之独立，此今日之公论也。若将此意以观全国学术现状，则自然科学，凡近年新发明之学理，新出版之图籍，吾国学人能知其概要，举其名目，已复不易。虽地质、生物、气象等学，可称尚有相当贡献，实乃地域材料关系所使然。古人所谓"慰情聊胜无"者，要不可遽以此而自足。西洋文学、哲学、艺术、历史等，苟输入传达，不失其真，即为难能可贵，遑问其有所创获。社会科学则本国政治、社会、财政、经济之情况，非乞灵于外人之调查统计，几无以为研求讨论之资。教育学则与政治相通，子夏曰"仕而优则学，学而优则仕"，今日中国多数教育学者庶几近之。至于本国史学、文学、思想、艺术史等，疑若可以几于独立者，察其实际，亦复不然。近年中国古代及近现代史料发见虽多，而具有统系与不涉傅会之整理，犹待今后之努力。今日全国大学未必有人焉，能授本国通史，或一代专史，而胜任愉快者。东洲邻国以三十年来学术锐进之故，其关于吾国历史之著作，非复国人所能追步。

昔元裕之、危太朴、钱受之、万季野诸人，其品格之隆汙，学术之歧异，不可以一概论；然其心意中有一共同观念，即国可亡，而史不可灭。今日国难幸存，而国史已失其正统，若起先民于地下，其感慨如何？今日与支那语同系，诸语言犹无精密之调查研究，故难以测定国语之地位，及辨别其源流，治国语学者又多无暇为历史之探讨，及方言之调查，论其现状，似尚注重宣传方面。国文则全国大学所研究者，皆不求通解及剖析吾民族所承受文化之内容，为一种人文主义之教育，虽有贤者，势不能不以创造文学为旨归。殊不知外国大学之治其国文者，趋向固有异于是也。近年国内本国思想史之著作，几近为先秦及两汉诸子之论文，殆皆师法昔贤"非三代两汉之书不敢观者"。何国人之好古，一至于斯也。关于本国艺术史材料，其佳者多遭毁损，或流散于东西诸国，或秘藏于权豪之家，国人闻见尚且不能，更何从得而研究？其仅存于公家博物馆者，则高其入览券之价，实等于半公开，又因经费不充，展列匪易，以致艺术珍品不分时代，不别宗派，纷然杂陈，恍惚置身于厂甸之商肆，安能供研究者之参考？但此缺点，经费稍裕，犹易改良。独至通国无一精善之印刷工厂，则难保有国宝，而乏传真之工具，何以普及国人，资其研究？故本国艺术史学若俟其发达，犹邈不可期。最后则图书馆事业，虽历年会议，建议之案至多，而所收之书仍少，今日国中几无论为何种专门研究，皆苦图书馆所藏之材料不足；盖今世治学以世界为范围，重在知彼，绝非闭户造车之比。况中西目录版本之学问，既不易讲求，购置搜罗之经费精神复多所制限。

近年以来，奇书珍本虽多发见，其于外国人手者固非国人之得所窥，其幸而见收于本国私家者，类皆视为奇货，秘不示人，或且待善价而沽之异国，彼辈既不能利用，或无暇利用，不唯孤负此种新材料，直为中国学术独立之罪人而已。夫吾国学术之现状如此，全国大学皆有责焉，而清华为全国所最属望，以谓大可有为之大学，故其职责犹独重，因于其二十周年纪念时，直质不讳，拈出此重公案，实系吾民族精神上生死一大事者，与清华及全国学术有关诸君试一参究之。以为如何？

（原载《清华大学二十周年纪念刊》）

清华的回顾与前瞻

冯友兰

在全国各大学中，清华有其特殊底历史。他的历史的演变，是中国在文化方面底自觉的反映。

清华的历史有三个阶段。第一个阶段是留美学务处时期。第二个阶段是清华学校时期。第三个是国立清华大学时期。现在来到清华底人，走到西校门，先看见"国立清华大学"的门牌。他到旧校门又看见"清华学校"四个字的横额。他到"水木清华"又听见那一处房子叫"学务处"。这每一个名字都代表清华历史的一个阶段。这每一个阶段又都代表中国近代文化的一个阶段。

中国在过去数千年中当然有他的独立底文化。这个独立底文化，不仅支持了中国民族的独立，而且使中国民族在东亚取得领导的地位。可是西洋的工业化，造成了"乡村靠都市，亚洲靠欧洲"的局面。中国的农业文化与西洋的工业文化，相形见绌。中国人先是妄自尊大，后来又妄自菲薄。以为中国无论什么都非学西洋不可。不但要学西洋，而且中国也需要到西洋去受教育。

恰好在这个时候，美国退还了庚子赔款的一部分，作为派遣留美学生之用。于是当时的中国政府，就派了些学生赴美，又设了留美学务处，主持其事。这一批学生，现在被称为清华'史前期'的校友。

后来又设立清华学校，其性格是一种留学预备学校。招收幼年学生，教授普通学科，特别注重英文，以为将来入美国大学的预备。后来又添设国学研究所。在这一方面也出了不少底人才。

这些设施，是中国文化渐趋自觉而要求学术独立的反映。"五四"运动，引起了许多对于中国旧文化批评，同时也引起了中国文化的自觉。国学研究所的设立就是这种自觉所促成底。原来底清华学校虽是一种预备学校，但也表示至少有一部分工作，可在中国"预备"。这也是学术独立要求的一个阶段。

在当时国学研究所的学生与清华旧制的学生，大部分是格格不相入底。我们若沿用普通所谓"中西""新旧"的分别，我们可以说，研究所的学生是研究"中国底""旧"文化。旧制的学生是学习"西洋底""新"文化。他们中间有一条沟。

到清华大学时代，国学研究所取消了。旧制学生也都毕业出国了。可是上面所说底那两种精神仍然存留，而并且更加发扬。他们中间底那一条沟也没有了。两种精神成为一种精神了。这是清华大学时的特色。

清华大学之成立，是中国人要求学术独立的反映。在对日全面战争开始以前，清华的进步，真是一日千里。对于融合中西新旧一方面，也特别成功。这就成了清华的学术传统。

抗战十年中间，清华在物质方面，受了许多打击，但是他的学术传统，是仍然存在底。这个学术传统对于中国的新文化，一定是有大贡献底。

不管政治及其他方面的变化如何，我们要继续着这个学术传统，向前迈进。对于中国前途有了解底人，不管他的政治见解如何，对于这个传统是都应该重视爱护底。（完）

（原载《清华大学三十七周年校庆纪念特刊》）

希望女同学们将来有一个快乐的小家庭

唐 箎

前天有几位女同学，来到我家谈话。她们要我为这次校庆特刊随便写几句。我想我们一代的人，在青年时期所处社会的环境，和她们不同。所以我们的思想，我们的经验，写出来给她们看，未必会发生兴趣的。要写的题目也就很难选择。于是我只得反问她们脑子里有什么常想的问题，让我试试看供献一点意见。我不敢说能够完全答复她们的问题，不过给她们一点参考。大家谈了些问题以后，其中有一个我想拿来说一说的就是，毕业后要不要有一个自己的小家庭？

现在有一部分的人们，以为家是一个累赘，有了家就会妨碍个人的事业，不如没有家来得自由。我的意见不然。我以为正当的男女都应该结婚，都应该有一个自己组织的小家庭。在这里我要预先声明，婚姻选择的问题，我姑且不谈。我只说要不要有一个小家庭。我为什么要说结婚的人们应该有一个家呢？因为家，才能使一家人共同生活在一个快乐的环境里，一同工作一同求进步，而且互相帮助，让两人的工作都能得到更好的成绩。我的理由有几点如下：

第一，家是使我们得到真正休息的地方。我所说的家，当然是最小范围的家庭，除夫妇外有子女，或者有父母，是一个直系亲属的集合处，关系最亲密的人们住在一处，大家的感情是真诚，而彼此都关切的，并没有虚伪的。我们在社会上与各种各样的人接触，有时候不免费去许多有用的精神去应付，一切无谓的，复杂的人事，那是多么无味！然而在我们小小的家里那就可以不必。我们惟有感得轻松和舒适。我们由外边工作疲劳之后，回到这样一个可以放松的地方，才可以得到很好的休息，或是在外边受了刺激回到家里的时候，可以得到亲切真诚的同情，再看到天真活泼的孩子们，就会使我们将所受的苦恼疲劳都忘记了，使我们的精神重新振作起来去工作。所以我说，家是我们可以得到真正休息的地方。

第二，家才是我们能呼吸到自由空气的所在。社会这样大，人事这样复杂，我们往往做不到我们想要做的事。至于我们的家呢，我们是一家之主，我们可以自由行使我们的执权，可以实验我们理想的生活，可以用我们的意志去支配一切，在这小小范围里，我们是可以得到自由的。

第三，对于下一代儿童保育的责任重大。父母对子女的爱最是伟大，最真挚，而且无微不至的。托儿所可以用最新科学的方法养育，训练儿童，但是不能使孩子们得到父母的爱。不在父母的爱里长大的孩子们，有时候性情会变成乖僻，或不正常。那些孩子们虽然生长在好的环境里，毕竟缺少一点东西，那就是家里父母对子女的爱。我们可以回忆童年时候的经验，一切的人我都可以不信任，惟独对于父每是最可信任的。跟着父母随便到什么地方去，都可以放心大胆的。有了不懂的事，一定要问到父母，才信以为真。若遇到不如意的事，经过父母的抚爱或解释以后，就立刻觉得轻松快乐了。这种父母子女间的爱，是多么自然真挚呀！等我们稍长大，离家许久，又回来的时候，看着家里的人，都很亲热甚至于看到家里的一草一木，都会觉得有久别重逢的快感。真像是夏天很渴的时候，得着一杯又甜又凉的开水似的那样舒适。这些情感别处得不到的，只有从小长大的家里，才得着的。只有我们最亲爱的父母，才能给我们的。我们既然知道父母对我们是有这样伟大的爱。为什么不让我们下一代的儿童也受到他们应得的父母的爱呢？所以我说，为了下一代孩子们正常的发育，是应该有个家来保护他们的。

第四，小家庭如何维持常久的快乐。这个问题已经有许多专家们讨论过。我并不想多说，只有一点意思，那就是我们每人都要知彼，知己。知彼已经不容易，知道自己更难。夫妇相处日久，容易因为小事的意见不同而引起冲突，以致发生许多无谓的烦恼。这是最应该避免的。所以必须彻底了解彼方，和详细知道自己。既然了解彼方，就应该尊重对方之长处，设法补救对方之短处。使对方善用其长而乐去其短。关于知道自己一层，那是世界上最难的事。我们往往看不见自己的短处，旁人也不肯直言相告。即使知道了，也许喜欢掩饰，甚至于护短。这是引起冲突最主要的原因。设着双方每人都能先求了解自己。竭力改善自己的短处。更要留意不使对方因为我的短处而受到痛苦。知己既真就责人不苟。彼此之间自然免去许多无谓的争执。感情也就常常融洽。那不是人生最快乐的事吗?

第五,结婚以后,如要继续个人的事业,必须保持有纪律的生活,不断的努力,还可以得到互助的机会,有家怎么会妨碍个人的事业呢? 现在婚后继续工作的妇女们,愈来愈多,仍是可以继续向前进步。所以我以为有一个小家庭,如果能够彼此了解。彼此帮助,那是不会妨碍个人的事业的。

照以上几点理由看来,若是我们能组织一个美满的家庭,那是人生最有幸福的事。所以我希望诸位女同学们将来都有一个快乐的小家庭。三十七年校庆日为校友们同学们祝福!

（原载《清华大学三十七周年校庆纪念特刊》）

清华的环境

梁治华

（一）清华园的邻里

我们由北京西直门乘车向西北走，沿着广植官柳的马路，穿过海淀的市街，或是穿行乡间的小径，经由清华园车站，约有十里多路的光景，便到了清华园了。

清华的校门是灰砖砌的，涂着洁白的油质，一片缟素的颜色反映着两扇虽设面常开的铁制黑栅栏门。门前站立着一名守卫的警察。门的弯弧上面镶嵌着一块大理石，石上镂着清那桐写的'清华园'三个擘窠大字。

一条小河绕着园墙的东南两面，正对着校门就是一座宽可十步的石桥，跨在这条汩汩不息的小河上面。桥头是停放车辆的地方，平常有二三十辆人力车排齐了放着，间或也有几匹蹇驴拴在木桩上。校门是南向的。我们逆溯着小河西行，便是一条坦直的小马路，路的两旁栽着槐柳，一棵槐间着一棵柳。这些棵树，因为人工修削的原故，长得异常的圆整高大，树枝子全都交接起来，在夏天的时候，马路上洒满了棋盘块似的树荫。

路的左面是小河，右面便是清华的园墙。墙不是砖砌的，却是用石块堆成的，一片灿烂黑黄的颜色就像一张斑斓虎皮一般。枝蔓的"爬山虎"时常从墙里面爬过了墙头，垂在墙外。我们走尽了路头，正是到了园墙的西南角；再走过几步，便到了那断垣摧井瓦砾盈场的圆明园的大门了。这个寂静的颓废的圆明园，便是清华园最密切的西边的近邻。

清华的东北两面，全是农田了；——麦田最多，高粱、玉蜀黍、荞麦次之。间或我们也可以看见几块稻田，具体而微的生长着，时常滋满了三角叶片的粗豪的茨菰。麦田有时又种着瘫睡不起的白薯，——哦！一片一片的尽是白薯。在这种田家风景当中，除了农人的泥舍和收获以外，最触人眼帘的要算是那叠叠的茔冢和郁郁的墓林了。

清华的四邻，不过如此：南面是一条小河，西面是圆明园遗址，东北两面是一片茫茫的农田。而清华比较的远些的邻里也颇有几处名胜的地方。

过圆明园迤西，飞阁栋宇鸿伟块丽的颐和园巍然雄立；再往西走，我们可以看见"天下第一泉"的玉泉山，高塔建瓴，插入云霄；再西去，则是翠微娇险的西山了。由清华至西山，约有十余里。由清华南行，直趋车站，再南行数里可抵大钟寺，内有巨钟，列世界巨钟第四。由清华乘火车北行，三小时的工夫可以到八达岭，岭上有万里长城，蜿蜒不断。

清华园是在这样的邻里中间卜居。

（二）入校门的第一瞥

我们跨进校门的头一步，举目一望，但见：一条马路，两旁树着葱碧的矮松；马路歧处，一片平坦的草地，在冬天像一块骆驼绒，在夏天像一块绿茵褥，草地尽处便是庞然隆大圆顶红砖的大礼堂。

我们且把直射的视线收回，向上面看：离校门十步的所在，立着两棵细高直挺的灌木，好像是守门的两尊铜像；校门西面又是两棵硕大的白杨。且说这两棵白杨，有六丈多高，干有三人合抱那样的粗；在夏秋之交，树叶蕻蕻的声音像奔涛，像瀑布，像急雨，像万千士卒之鼓噪；——我们校内的诗人曾这样的唱了：——

> "有风白杨萧萧着，
>
> 没风白杨也萧萧着，——
>
> 萧萧外围里更没有些个什么。"

实在，我们才跨进校门，假如鸦雀若不作响，除了白杨萧萧以外，我们简直听不见什么声音了。园里的空气是这般的寂静，这般的清幽！

紧把着校门，一边是守卫处，一边是稽查处和邮政局。守卫处里面有二十几名保安警察，我们从这里经过，时常可以听见警笛的声音吹得乌乌的响，接着便可以看见许多警察鱼贯而出，手里持着短小的黑漆木棒，到晚上就肩着枪，带着灯了，他们的白布裹腿和他们的黑色制服反映着显着格外白净。邮政局外面挂着一个四方的绿漆信箱，门旁钉着"邮政储金处…""代收电报…""代售印花税票…"的招牌。我们时常可以看见穿着绿衣服的邮差乘着绿色的自行车，带着绿油布的信口袋，驮着背掮着无数的包裹邮件，走进邮局。我们隔着窗子可以看见稽查室里面的样子，桌上放着签名簿、假条签，墙上有置放假牌的木板的一块；有时还可以看见一位岸然老者在里面坐着吸水烟。

才跨进校门的人，陡然看见绿葱葱的松，浅茸茸的草，和隆然高起的红砖的建筑，不能不有身入世外桃源的感觉。再听听里面阒无声响的寂静，真足令人疑非凡境了。

（三）大学和高等科

我们沿着矮松作篱的小马路北行，东折，途径庚申级建的石座银盘的日规，便可看见一座红顶灰砖白面的楼，上面横嵌着"清华学堂"四个大字的一块大理石。我们推开大门，便看见挂着一个电表，大如面盆。在楼梯底下立着一个玻璃柜，柜里面放着无数的灿烂琳琅的银杯——大的、小的、高的、矮的、圆的、方的、各式各样的银杯，银杯的光芒直射得令人眼花缭乱。这全是清华运动健儿历年来在运动场上一滴一滴的血汗换来的战利品！

且说这一座楼是口形的，大门就在左面的角上。这座楼的西边一半是大学和高等科的教室，东边一半是大学学生和高三级学生的寝室。楼有上下两层，但是东边一半又有一层地窖。

我们先看看教室。教室全是至少有两边的窗户，所以光线是异常的充足，空气也极其新鲜。教室大者可容五六十人，小者可容二三十人。这楼上楼下的教室一共有十三间，全是社会科学和文科各部的教室；所以屋里面布置很简单，除了一些排齐的桌椅、讲台、讲桌、绿漆的黑板、字纸篓以外，别无长物了。但是历史学的教室却又不然，各种的模型画片图像点缀得令人目不暇给，——我们可以看见罗马建筑和万里长城的模型，武士戕杀白开特主教和凯撒被害的图像，圣罗马和维也那会议后之欧洲的地图。总之，历史学教室简直一个"上下数千年，纵横几万里"的世界的缩本。教室里的桌椅并不一律：有的是一桌一椅做为一个座位；有的是只有一个椅子，但在右手扶手的地方安着一块琵琶形的木板，这块木板的职务便是代替桌子，据说这样的座位是为防学生曲背的危险。

教室墙上大概是涂着蓝色的粉，因为这种颜色是合于目光的。汽炉、电灯、窗帘等等一应俱全。

在教室外甬路的两旁墙壁，悬挂着无数的画片；一半是珂罗版印的中国艺术画，如山水翎毛之类，附以说明标注；一半是西洋古今大建筑之像片，如各著名之礼拜堂及罗马之半圆剧场之类。紧对着楼梯，悬着大总统题颁的"见义勇为"的匾额。楼梯底下悬着校长处及各部的通告板。

在这些教室中间夹杂着的楼上有学生会会所，楼下有童子军事务所。学生会会所很宽敞，中间一间会客厅，两边两间小屋供干事部办事之用。

童子军事务所里点缀得很热闹，各种小玩艺儿大概是应有尽有了。

我们离开教室，向东走，就到了寝室了，楼上是大一级学生寝室，楼下是高三级一部分学生寝室。寝室的门上，有学生的名牌，写着一个，或二、三、四、五、六、八个学生的名字。因为寝室有大小的不同。我们试推开寝室的门，可以看见：几个铺着雪白的被单的铁床，一个衣服架子，几个椅子，几个带着三个抽屉的桌子，一个痰盂，一个字纸篓，和些个各式各样大大小小的书架子，几盏五十烛的电灯，几幅白布的窗帘，几个"云片糕"似的汽炉。大概寝室墙上很少是一片空白的，差不多总有些点缀，例如清华校旗、会的旗、西洋画、中国名人的字迹、电影片中的明星照像，等等。

电灯上若不覆以中国式之绣幕，大约总用蓝绸围起来。墙是白色的，但是下半截敷以白油漆。

楼上楼下的寝室大致相同。

紧对着楼梯悬着直隶省长题赠的"惠泽旁敷"的匾额，和教室那面的匾额遥遥相对。楼上墙上绘着箭形，指着那从未尝用过的太平梯。楼上楼下都有盥室厕所。紧挨着楼梯，楼上有大一级会所，楼下有高三级会所和周刊编辑部经理部。

寝室楼下还有一层地窖。里面的光线和空气，若说不适于人类生活，未免骇人听闻，因为里面除了照像暗室，汽炉蒸锅室以外，还有很多的会所，如孔教会等。

我们现在离开这座楼了。我们已经说过，这座楼是三面的，这三面中间环抱着的是一片草地，草地中间有几块方圆的花圃，沿边植着几株梨树，和几株柳槐。草地上除了插着"勿走草地"的木牌以外，还在冲要的地方围起带刺的铁丝来。在此边一边就是手工教室、斋务处办公事、信柜室、旧礼堂，自东而西的一排，紧紧地把三面的大楼衔接起来，做成一个四方形，把草地圈在中间。

手工教室只有木工的设备，约有十几份木工的器械，锯木机等各一。介乎手工教室与斋务处之间的有戏剧社、美术社、军乐队的会所。信柜室和斋务处通着，内有几百个小信箱，箱的玻璃门上贴着学生的名号。旧礼堂是可容三百余人的一间屋子，讲台在西首，列着十几排的黄色椅子，墙上悬着几幅图片。

我们再往北走，便看见高等科各级的寝室，寝室一共四排，中间一条走廊，所以每排又分东西南段。向北数第一排是大寝室，可容十余人，第二三四排是小寝室，可容四人。青年会和年报社的会所也都在第一排。寝室里面的样子和适才说过的楼上寝室略有不同，这里没有汽炉，这里没有网丝的铁床，这里的桌子没有三个抽屉，这里的房门镶玻璃，如是而已。

在各排寝室中间，栽着高大的杨柳或洋槐，在夏天的时候，从绿浓的树荫里发出嘶嘶的蝉声。

各排寝室的前檐底下种着一排芍药，花开的时候恰似一队脂粉娇妖的女郎；后檐下种着一排玉簪花，落雨的时候叶上发出清脆的声音。仲春时候，柳絮漫舞，侵入寝室的纱窗。

走廊的北头尽处便是高等科食堂。食堂门前,有七八块木质的条告板。食堂里面分两大部分,中间一大部分是普通学生会餐的地方;西边一部分是运动队员会餐的地方,名曰"训练桌"。食堂里着摆着红漆八仙桌子,每个桌子贴着八个学生的名条。中间有一个颇易令人误会的柜台,这是庶务处特派员办公的所在。厨房在东面,紧接着食堂。

在寝室的东边,还有一排房间,就是役室、厕所、行李室、理发室、学生盥室。理发室里面有四个座位,所有理发设备,除了香料化妆品以外,一应俱全。

小寝室里面,有些个是会所,如书报社、文学社等。斋务主任办公室和斋务员宿舍也在里面。走廊得北首,悬着斋务主任特办的"暮鼓晨钟"的格言板。

(四)图书馆

我们离了大学和高等科,走过一座灰色的洋灰桥,劈头便是一座壬戌级建的喷水池。这喷水池是铜质的,虽然没有任何的雕刻,但是喷起水来好像三柱香似的喷着,汩汩不绝的水声,却也潺然可听。图书馆的两扇铜门便正对着这喷水池。

图书馆的建筑是文艺复兴时期的样式。门前站立着两个铁质的灯台,上面顶着梅花式的电灯。

我们拉开铜门进去,便是一个石刻的楼梯。拾级而上,但是四壁辉煌,完全镶着云纹式的大理石。中间是借书柜,前面列着两个玻璃柜保存着美术画片；南面是西文阅书室，四壁布满各种字典、百科全书及各种类书杂志，北面是中文阅书室，四壁也是满布类书及杂志。阅书室里摆着长可一丈宽可三尺的楠木桌子，配着有靠背的楠木椅子，每个桌子可座六个人，两个阅书室共可容二百人。桌上放着硬纸的牌示，上面印着"你知道否在图书馆里说话要低声的规矩""你若找不到你要看的书，图书管理可以帮助你"等等字样。地板完全是用棕色的软木——就是用做酒瓶塞的软木——铺着。三面全有很大的罗马式的窗子，挂着蓝绒的窗帘。

我们下楼，转到楼梯底下，中间有一个饮水池，只要扳动机关，一突清泉便汩汩的涌上来，其味清冽无比。两边是男女厕所各一。对面，一间是装订室，一间是阅报室。装订室里面放着装订书籍的书籍，堆着无数的待订的书籍报纸。阅报室放着两张大桌子，四个报纸架子，有中文报二十几份，英法文报十几份。就在饮水池的地方，南北向有一条甬道，甬道的两旁全是各部教授的公事房，房门玻璃上写着"方言研究室""数学研究室"……字样。共有二十几间。

此外还有一个重要的部分，就是书库。书库紧贴着借书台后面，我们一上楼梯就可看见。书库联起两间阅书室来恰成一个丁字形。书库共有三层，中西文书籍各半，中文书籍在北边一半，西文书籍在南边一半。最低下一层是装订成册的杂志报纸，中间一层是通畅用的各种参考书，上面一层是新到的西文书籍、西文小说、德法文书籍，及中文图书集成一部。书架子完全是铁质,地板完全是厚玻璃砖做成的。书架前置有电灯,白昼可用。安排书籍悉照杜威氏之十大分类法。

(五)中等科

我们出了图书馆,向北望但见一丛木制的房舍,在密杂的树草中间掩映着,这便是美国教员住所(内中却有一个是中国人);向西望,便是中等科的房舍。

中等科的正门是南向的,正对着东流的小河,一条马路直通到校门。我们进了中等科的正门,便看见校长处通告板,东西向一条甬路,共有教室十二间。教室里的情形和大学高等科的差不多,只是桌子上涂的墨迹刻得刀痕比较多些罢了。离开这一排教室,北行,便是一个庭院。两旁有迤逦的两行走廊,中间一条走路。院里满种着花草树木,有两个芍药的花圃,几株桃、杏、丁香、海棠、紫荆之类,花开得时候简直是和遍缀锦绣一般。走路尽处又是一排房舍当中一间是会客厅,两边两间是教室,东边三间是庶务斋务办公室和信柜室。沿着两边的走廊再往北走,便是三排寝室。头排寝室大些,可容八人一间;后两排则可容四人。但是现在前排没有人住,后两排只是二人一间。寝室门镶着玻璃,屋里布置得都很整齐——或者比高等科的还要齐整。墙上点缀品很多,总不出字画像片之类,间或也有悬着关帝像的。屋中间两份自修的桌椅,临窗又有一个桌子,贴墙两个床。很多桌上放着从大钟寺买来的金鱼。

在第三排寝室中间，便是食堂，门前也有木质的条告板，屋里也有庶务先生特制的一座柜台，八仙桌子只有十几张；所谓"训练桌"者不在食堂里面，在第二排寝室的西头。

寝室的西边还有一排南北向的房舍，就是厕所、役室和消防队办公室。消防队办公室里面，放着灯笼、水枪、水龙、皮带之类；我们时常在下午看见校内警察率领着校役整队的从这里出入。

在第二第三排寝室中间是学生盥室。在第一排寝室中间有饮茶处。第二排东首有学生储蓄银行，规模和营业的银行相仿，只是具体而微罢了。

（六）体育馆

我们出了中等科，往西去，便是运动场。运动场的东边有四个网球场，两个手球场，一个箭术场。南边临河有两个篮球场、浪木、秋千。中间是一块空地，在冬天用做足球场，在夏天用做棍球场和田径赛场。西边便是一座庞大的体育馆。

体育馆的前面有用十几根云母石柱建的一座洋台，台上可容百余人站立，上边伸着四个长大的旗杆。在云母石上刻着"纪念罗斯福体育馆"几个金字。洋台底下，中间是正门，两边是上洋台的楼梯。门的一边悬着罗斯福半面像的铜牌；一边悬着清华历来各项运动成绩最优者的名牌。洋台的两边，各有一个旁门。我们先从南面的一个旁门进去，迎面便是楼梯，梯旁通着更衣室，里面有几百个铁柜子，为大学和高等科学生更衣之处。从北边的旁门进去，也是有楼梯和更衣室，为中等科学生用的。铁柜子是每人一个，各有钥匙，柜门凿孔，以流空气。两排铁柜中间，有一条宽可六英寸的一个条凳。更衣室各有饮水池，味较图书馆者尤美。由更衣室可通健身房、浴室、泅水池、厕所。

健身房的位置在体育馆的中央。四面有门，南北门通更衣室，东门即体育馆正门，西门通泅水池。地板是木质的。房的大小恰好可做一个篮球场。哑铃、木棒、木马、跳板、平行架、水平棒……等等运动器械都在四壁放着；爬绳、飞环、铁杠……等等，则在房顶上悬着。屋角有两个螺旋楼梯，上面便是跑轨。

浴室内分两部：汽浴和雨浴。汽浴室是一间小屋，四周有大理石的条凳，凳下有热汽管。雨浴室各有喷水龙头八个。泅水池紧挨着浴室，推开浴室门便是泅水池。池长可六十尺，宽可二十尺。一边水深二三尺，一边深十几尺。池的壁底全是大理石，一片白色，注满了水的时候，和海水一般的蓝，但是清可鉴底。池旁有跳板、跳台。

体育馆的北边楼上有拳术室，里面有刀、枪、剑、戟，以及一切中国几百年前用的各种武术器械，一应俱全。南边楼上有一间房子，大约是供铜乐队练习——练习音乐——用的。楼上还有一个楼梯，直达一个窗口的地方，从此可以俯览健身房里的动作，了如指掌。

体育馆的西邻便是荒芜不治大与清华园相垺的近春园，内有一个足球场、几个篮球和网球场，紧靠近体育馆。且说这个近春园，面积甚大，预备将来大学建筑之用，所以用围墙圈入了清华园。北部有土山隆起，登高一望，清华园全部尽在眼前，树木葱苏，郁郁勃勃；西望则西山蜿蜒起伏，一带是青碧，一带是沉紫，颐和园的楼阁，玉泉山的尖塔，宛然如画；北望则圆明园的遗迹，焦土摧墙，杂然乱列；南望则只是近春园的一片芦苇荆棘。

南部是辟作花窖，培养校内使用的花卉树木。围墙上栽着爬山虎，长得异常茂盛，沿墙又种针松，隔十几步一株。现在这园里还有一些从前学生发园艺狂牧畜狂时候的遗迹；从前搭起茅屋，种起白菜，养起蜜蜂鸡鸭，现在只看见几堆倾斜的破屋和土上开辟过的痕迹而已。从前学生在土山上挖的地洞，曾在里面做令人猜疑的举动，现在也倾圮了。

（七）医院

出体育馆南行，我们要首先看到一座喷水池，池作五角形，灰色的坚石做的，中间矗立石柱，顶上有灯，灯下有孔，水向下喷，池的角上有饮水的水管。这个喷水池是己未级建的。过了喷水池，便到了入天堂必经之路的医院。

医院门东向。里面中间是医药房，房里不消说是小瓶小罐应有尽有。附带着有手术室。在这房里我们可以看见一位忠厚长者美国医生和两位笑容可掬的男看护。斜对门，是眼口鼻耳科的诊疗室。在这房里，有一位短小和蔼的中国医生在小刀小剪中间周旋。

病人的卧室在两旁, 分普通病室与传染病室两种, 共有十几间。传染病室大概是每人一间, 普通病室大概数人一间。房里除床桌以外, 别无长物。靠近每个床, 墙上置有电铃。传染病室门上时常发见 "禁止探视" 的条子; 在普通病室里桌子上, 时常可以看见象棋子、围棋子之类的玩艺儿。

牛奶、豆浆的瓶子, 大概那一个病室里都有。在病床栏上挂着一张诊视单子。

病室里死过人的几间, 总多少带几分鬼气, 当然这是主观的现象, 但是多少人却都是这样的感觉着。

医院南边临河的地方, 辟有一块草地, 有几个包树皮的椅子, 略微种些花草, 这大概是预备病人散坐的意思了, 但是阒无人迹的时候为多。

(八) 大礼堂

出医院门, 一条笔直的马路, 我们沿着路东走到了中等科正门的时候, 向南折, 便看见一座洋灰桥。桥上有四个壮丽美观的铁灯, 这是癸亥级建的。我们过了桥, 便到了大礼堂。

礼堂是面向南的, 我们初进校门便首先望到了。是罗马式与希腊式的混合建筑。礼堂的正面Facade是四根汉白玉制的石柱, 粗可二人合抱, 高可两三丈。四根柱子中间, 是三个亮闪的铜门。门前左右两个灯台, 两根高可六七丈的旗杆在两边立着。

建筑的上面是一个铜质的圆顶。这个礼堂外面并没有任何的装饰，如雕刻石像花纹等等，但是却也有一种雄巍的气象。

我们进了门，左右两边有售票的窗口，还有上楼的楼梯。前面是三个皮门，我们进了这二重门便到了礼堂的内部了。一间广大的会场！楼下可容千余人，楼上亦可容千人。地板是软木做的，后面高，前面低，成倾斜形。硬木的椅子摆成整齐的行列，椅子底子安着热汽管。

讲台正对着大门，宽可四五丈，深可一丈。台上悬着二十几匹褐色纺绸缀成的幕帘。台的里面全是赭色木雕的板墙。讲台后面，左右各有空屋几间，可作演戏化妆室用。在对面楼上，有电影机室，光线直射到台幕上。

在礼堂里，我们看不见柱子，只见四个大弯弧架着上面盖覆的圆顶。圆顶里面作蓝色，在四个角上安置着千余烛的反射电灯。夜晚时候，灯光齐射到圆顶上去，再反照下来，全场明亮。

在台幕上边的墙上，雕着一个圆形的图像，里面写着几个隶书大字，这便是清华的校训；_

"厚德载物，自强不息。"

（九）科学馆

我们出了礼堂，在东边看见高等科，在西边就看见科学馆了。且说科学馆因为太科学的原故，所以便不怎样美观，远远望过去,只像是一个养鸽子的巢房———一个一个的小窗洞。这是一座三层楼的建筑,红砖上略微有些绿"爬山虎"的叶子,倒还可以减少一点单调。屋顶是石版做的,在阳光底下照得很亮。门是铜质的,上面门框上刻着"科学"二字,门旁墙上有两盏铜灯。一进门墙上有气象报告的牌子,前边便是楼梯,旋绕着可以直上第三层楼。不远,我们可以看见升降机的地方,但是只有一个空隙,机器还不知在那里哩。

最底下一层的房间,和科学不发生密切的关系,因为只是校长室、文案处、庶务处、中西文主任处、文具室、注册部、会计处等办公的所在。紧挨着校长室,是一间会客厅,里面陈设很整齐,一盆文竹几盆花卉点缀在桌上,墙上悬着校内风景片。会计处俨然有银行的神气,柜台上立起铜栏,"付款处""交款处"……小牌子挂在上边。在房门上都各标明了其办公处的字样。打字机的声音大概在那一个门外都可听见。在甬路中间,立着校长特置的学生建议箱。听说箱里面发见东西的时候很少。

第二层楼是一间讲演室,一间绘图室,两个物理试验室。讲演室是物理学与普通科学用的。绘图室里中间一个大桌子,周围有些个小圆凳子,这是为用器画和几何学用的。物理试验室一个是初级,一个是高级的。里面摆满了各种声光电学的试验器械。还有一间测量学教室。

第三层楼上是两间讲演室,一个生物学试验室,两个化学试验室。讲演室一为化学用,一为生物学用。生物学试验室免不了二十几个显微镜和些个酒精浸着的标本。化学试验室，一是初级，一是高级的。我们只消在门外经过一回，嗅着各种不妙的气味，就要掩鼻而走，想来屋里面也不外乎一些玻璃瓶、玻璃管、玻璃灯、玻璃片、玻璃盆之类罢了。

科学馆楼下有风扇室，里面的风扇活动起来，全科学馆的空气都可以流通，可以彻底的把各个屋里的空气淘换干净。

（十）工字厅与古月堂

科学馆的西边，隔着一条小河，便是工字厅，工字厅的西边便是古月堂。工字厅是西文部教授住的地方，古月堂是国文部教授住的地方。

工字厅的大门面向南，完全是中国旧式的建筑。门上悬着清咸丰御笔"清华园"三字的匾额，金字珠印，辉煌可观。门前两尊石狮，狞目张口，栩栩欲活。门旁一边张挂着条告板，一边钉着"纪念校长唐国安君"的铜牌。我们踱进门去，只听得啾啾的山雀在参天的古柏上叫着，静悄悄的没有动静。西行便到了校内电话司机处。左右有厢房，有跨院，都是教员住的地方。我们照直北进，穿过穿堂门，便到了一个很美丽的庭院。院里的一座玲珑的假山石，上面覆满了密丛丛的"爬山虎"。假山石前栽着两池硕大的牡丹，肥壮无比。院子东西两边全是曲折的回廊。我们穿过这个院子北走，就真到了名实相符的工字厅了。几间殿宇式的房间，两排平行，中间用一段走廊联起来，恰好成为

"工"字，故名。前工字厅东边一半是音乐教室，里面有一个钢琴，许多椅子，一张五线的黑板。西边一半是教员的阅报室。我们穿过走廊北去，便是后工字厅，这是学校各机关团体俱乐的地方，里面有西式的讲究的布置。推开后工字厅的窗子北望便是荷花池了。

后工字厅的西边有西工字厅，这是来宾暂住的地方，从前梁任公担任讲师时即住于此。屋前有两棵紫藤树，爬满了阔院子大的架子。此外还有些个小跨院，全是教员住所了。

古月堂较工字厅为小。门旁有几棵马尾松长得非常的葱茏。门前有一个篮球场。里面是中间一个大院，左右各有小院。油印讲义的地方就附属在这里的役室里。古月堂的后边有两个网球场。

工字厅前面，是一条小河，过了石桥便是一条马路，马路的两旁是一片浓密的树林，林里的草长得可以到一人多高。马路尽处，西折，便是校长住宅，从前的副校长住宅和工程师住宅。

（十一）电灯厂与商店

电灯厂在清华园的东南角上，我们在园外就可以望到那耸入天际的烟卤了。这个烟卤是砖制的，高有五六十尺；傍晚的时候我们可以听见汽机突突的声音从这个角上发出来，烟卤顶上开出一朵一朵的黑牡丹。厂里面有发电机四部，计开：14.K.V.A.一部，70K.V.A.二部，140K.V.A.一部，可供六千盏电灯之用。现在校内共有大小电灯四千三百八十四盏，每天约用煤五吨。

离电灯厂不远，西去几十码的地方便有一所房子，里面有售品公社、京华教育用品公司、鞋铺、成衣铺、木厂。售品公社是学生教职员集股办的，里面大概分四部分：食品部、用品部、文具部、兑换部。食品部贩卖点心、水果、饮料之类，用品部有日用之牙粉、手巾等等。京华公司由北京分来，承办各种课本书籍，附售文具。鞋铺专做皮鞋、帆布鞋和体育馆用的鞋。成衣铺则以竹布衫、白帽子为营业大宗。木厂则似乎集中精力于制造桌椅。

在中等科厨房后面，还有一个木厂和成衣铺，在营业上无形中有了竞争。

（十二）荷花池

工字厅的背后就是荷花池，这里是清华园里最幽绝的地方。

池宽东西有二百尺，南北有一百尺。工字厅后面展出一座石台，做了池的南岸，北岸西岸是一带的土山，东岸是一座凉亭。池的四围全栽着摇曳的杨柳，拂着水面。荷花池的景象，四时不同，各臻其妙。在冬天，池水凝冰，光滑如镜，滑冰的人像燕子似的在上面飞攫，土山上的树全秃了，松柏也带了一层黯淡的颜色。在春天，坚冰初融，红甲纱裙的金鱼偶尔的浮到水面，池水碧绿得和油一般，岸上的丁香放了蓓蕾，杨柳扯了绿线。

在夏天，满池荷花，荷叶大得像车轮似的，岸上草茵茸茸，蝉在树上不住的叫，一阵一阵的薰风吹送着沁人的荷香。在秋天，残荷萧瑟，南岸上的两株枫树，叶红如荼，金风吹过池面，荷叶沙沙作响。四时的景象真是变化不绝。

四角的凉亭，周围全是堆砌的山石，几株丁香、凤尾草环绕着。亭里面有木座，我们在月明风清之夕，或是夕阳回射的时候，独在这里徜徉徘徊运思游意，当得到无穷尽的灵感与慰藉。对岸伞形的孤松，耸入云际，倒影悬在水里，有风的时节，像蚯蚓一般的动摆起来。翘首西望，一带的青山在树丛顶线上面横着。翻跃的鲤鱼在池心不时的跳动。这是何等清幽的所在哟！

亭子的东边是一条小河，河的对岸土丘上便是钟阁。里面悬着一口径可四尺余的巨钟，钟上生满了一层绿锈，古色斑斓。这是清华园报时辰的钟，每半小时敲一次。钟声远及海甸。钟上刻着这几个字：——

"大明嘉靖甲午年五月□日阜城门外三里河池水村御马监太监麦□造。"

我们离开凉亭，踱过小板桥，登土山。土山上生满高可参天的常青树，径上落了无数的柏实、松针之类。假山石在土山上错落的堆着，供了行人息足之用。西行尽处，一根独木桥横跨在小河上。过了独木桥，仍是土山，从这里向东望，只见绿荫的树影里藏着一座玲珑透别的冷亭，映着礼堂的红墙铜顶。

我们若要描述这荷花池的景象，只消默记工字厅后廊上悬着的一个匾额，上面是四个大字：——"水木清华"，后廊柱上悬着的一副楹联，这样的两句：——

"槛外山光，历春夏秋冬，万千变化，都非凡境；窗中云影，任东西南北，去来淡荡，洵是仙居。"

四月二日

（原载《清华生活：清华十二周年纪念号》）

我的九年清华生活

谢文炳

　　人们对我说："你在清华住了将近九年，你的生活定然另有些趣味，可否将他写了出来？"不错，我过去的生活，在旁人看去，的确是有趣味的，然而在我自己回顾起来，却是些伤心难受的回忆，实在我极不愿意作这篇东西。现在，因为我就要离开这可爱的学校，想起这几年来辜负了他，白白地浪费了青春，没有一点成就，心中不免有许多缠绵的感触，因此就想到没有过来的人们——亲爱的同学——身上，因此就想到将自己的一点经验写出来作临别的赠言。如果从这篇东西里，亲爱的同学们，你们能够得点鉴戒，那就是我作这篇的希望了。

　　大凡要狠透彻底明了一个人底生活，最好先知道他的个性，（那就是说，他是怎样的一块材料。）和他的境遇。据我自己的内观和分析我的个性里有两种重要的原质：第一是富于创造性，因此无论做什么都极其野心；第二是富于情感的冲动，特别性欲的冲动，因此意志极薄弱，流落到许多坏的习惯里。我的清华生活，如果让我总结说一句，没有别的，就是他们俩战斗的历史。一方面是创造性，鼓舞我向上，作一个伟大的人格；一方面是性欲的冲动把我往下拖，往恶浊的生活里拖。我的境遇，和我的个性仿佛，是两种适相反的环境凑成。这里是清华园，无异于天堂，那里是我的穷困的家庭，和地狱一般。在智育体育方面，清华对于我总算尽了他的责任，在德育方面却是一个问题了。我想像我这样一个人，假若不是我那地狱的家庭，不是她时常给我一点激刺，给我一点生活底教训，那就不知堕落到什么地步了。

我在清华的生活，可以分为四个时期：第一是天真时期，第二是堕落时期，第三是奋斗时期，第四是刻苦时期。倘若我直陈不讳，这四个时期尽够我作一部长的自传，现在为篇幅所限，只能述其大事。不过聪明的读者，也能从这些大事里看出些小事来。

（一）天真时期——民国三年秋到民国五年

初到清华，最打我的眼的，当然是华美的风景和富丽的设备。当时我才十四岁，心里的满足，实在形容不出，只知道有种愉快充满了我的周围，使我做一切事都乐意，都高兴。我常想，我前生不知积了些什么德，能够以穷困的子弟住贵族的学校。

我从小就狠自负，住小学时，自从考第一后，不想到考第二。来清华后，看见许许多多活泼的青年，自己明白这竞争不比从前了，心里有些畏惧，觉得非大大发愤不能和同学争。上课后，第一件事我打听的，就是这中学谁考第一。别人告诉了我某某，吃午饭时，我按着桌边贴的名字去认那个人。但是不久我查出这里没有争第一的一回事，纵然考了第一，也不算什么荣耀。

这一来,我的功课方面的竞争心就冷落了。闲的时候,大半花在操场上。

上课的头一个月,我的英文简直跟不上班。那时还有罚站的规矩,被罚的我是第一个。记得有一次硬站得我哭了。因为我是备取补上的,同乡们不睬我,谁也不来帮我英文的忙,并且有的还窃窃私语:"这家伙大概是开除的。"其实我有什么得罪了他们呢?不过他们不理我,我性格傲,没有去拜望他们罢了。幸而我还不糊涂,英文随后就赶上了,并且在班上还是好一点的学生。在功课外,我爱读古文及清人底会试闱墨;念文章时,觉得胸中充满了无限的气概。没有什么思想。上课,念文章外,一切的精力都花在玩上。

家中的情形,自我来校后,一天困苦一天。戚友们大半背后的量尽我,说我在清华断难毕业。

父母拿这些话来激刺我,嘱我发愤。有时接着家信,不免滴下几点泪来。有一位同学,他已然死了,我想我总不会忘记他。有一次他偷看了我的家信,即刻告诉我,他愿意帮助我,他没有失言,的确给了我些帮助。

渐渐地有了同伴,有一个极要好的同伴。我可以说,在他身上,我曾经灌注我全生命底灵魂,我全灵魂底情感。我也相信,他也曾经这样地待我。我们的感情,完全是孩子底感情,没有什么不纯洁,没有什么不天真,至少我是这样感想。

但是我不是那种被动性格的孩子,不能和要好的朋友常处。我有一种天赋的坏脾气,也不知什么时候就表现的,那就是，对于我所亲爱的朋友，到了他已经爱我以后，我就有意地去找他的错处，去和他为难，去令他发气，去令他气得不睬我，因此我可以尝着一种情感的激刺，一种痛苦的快乐。我和他才有几个月的要好，就由我发生了波折。因为好几次的酝酿，后来为点小事，我们吵了，彼此都不理，旁的同伴找着了他，常和他在一块。他知道我仍然念着他，故意拿冷眼看我。我狠气，狠难受，有时并且流下泪来。从这以后，我们也有和解的时候，也有重新要好的时候，但是那情感的结合，永远也没有从前那样甜美，并且每经过一次波折，在我对于他的情感，也许更深了，在他对于我的，却逐渐地淡，淡到以至于零，以至于要灭。这样，在我和他中间，一切都定了。

就是到现在，我还时常追想那孩时一点甜美的情史，那鲜润的生活，那纯洁天真的情感实在是，当宇宙里两种最伟大的德性——烂熳无知的欢乐，无限的渴求的爱——是生命唯有的要求时，能够有什么比这还甘美么？我也常常问我自己，假若我没有那种天赋的坏脾气，我能够作他永远的朋友，我的感情有个归宿，我以往的生活会是过去那样么？但是，但是。

自从失恋以后，我就一天烦恼一天，思想受各种刺激，感情更无处发泄。从坏的同学那里学着了看小说，看坏的小说，于是那青年人最易染的恶习惯——手淫——就闯进了我的运命之关。我的天真生活从此去了，从此永远去了。堕落的时期，如同黄昏一样，爬了进来，把所有的光明驱逐到另一个世界去了。

（二）堕落时期——民国五年到民国九年秋

大概许多人都有这种经验：小的时候，立志要作圣贤，虽然不知圣贤是什么。到这个时期初，这种思想，才从我脑子里完全消散。这时我爱看的书是《饮冰室文集》。那里面鼓吹的民族主义给我狠深刻的印象。我立志将来要学政治，要做匈牙利底葛苏士，要作意大利底加富尔，要作德国底俾斯麦，要作日本底伊藤博文。种种少年底梦想、雄图，如同要吞并日本，要赶掉白人，一时都占住我的没有成熟的脑子，在里面鼓舞我。有时晚间作梦，梦着和日本开仗，梦着军人唱凯旋的歌，又梦着我当了内阁总理。这一切，在我现在回想起来，不觉令人嗤然一笑，在当时却是千真万切。我想这种经验不是一个人底罢！

《饮冰室文集》外，我还读些《史记》《左传》《孟子》底文章。我现在狠埋怨当时没有多读些诗词。无论在什么书上看见好的辞句，我就将他们钞在一个纸本上，打上连圈，加些按语。对于功课一味地敷衍；但是轮到国文作文的时候却大费心思。有时一篇文章，起承转合，推敲几天。当时的国文教员也善鼓励学生发文章时，最好的总放在前面。就因为争这点荣耀，我枉费了多少宝贵的光阴和精力。一方面操场上去得少，恶习惯底毒一天深一天，身体一天坏一天。

有一位同学我私心狠敬佩的，他也看得起我。

我预备同他作朋友。不幸正在我们交情初，他得了一个怪病，请了两年假，后来被学校开除了，因为他的假请得太长，还有一位也是我敬佩的。他为人极静默，我却放肆，大约就因为这，我没有去接近他，就这样将机会错过了。他们以外，也还有我所敬佩的同学。这些我都不找，去找了一个小朋友。他狠聪明，却爱玩不愿看书。我设法鼓励他，引导他。渐渐他也读点古文，默点《史记》。但是到我们很要好的时候，我的那种天赋的坏脾气又来挑动我，我们的交情又生了波折，于是不到一年，我们离开。

中等科毕业的时候，我害了一场病，不无危险。我未始不知道这病底远因。我也作了些抵抗，然而意志力终于薄弱，生理上那恶习惯着了根，终不能改。这样我从中等科就上高等科，将河北造下的罪恶带到河南。

进高等科后，知识的欲望更强。爱看中国底古书，特别经书和子书。经书之中最喜欢《春秋》《公羊传》《谷梁传》《春秋繁露》，康有为底《春秋笔削微言大义考》，都是看了又看。子书之中最喜欢《管子》《商君》《荀子》《老子》《庄子》。对于康有为底著说极搜罗一番，他的《伪经考》《论语注》《孟子微》《中庸注》《礼运注》，以及《不忍》杂志无一不爱看。看古书的热诚是那样大。令我想专攻一书，成一家言以传于后世。

虽然爱看古书，我的政治的梦想从来没有抛掉过，我渐渐明白古书决不能给我多少政治的学识。我得要看近代的著作。

因为只认识梁任公底文章，就去看《大中华》《庸言》；因为看《大中华》《庸言》，就逐渐看一切别的中文杂志。我预备着好几个纸本子，逢着论政治，论学术，论文化的好文章，就将他们节录下来，作日后的参考。一番乱看之后，我聪明了，觉得这些杂志底性质究竟是杂的，不能给我有统系的学问，于是转而去看整本或整套关于政治学的书。看了这一些，觉得仍然不是基础的学问，转而研究做学问的方法。最后我定下了一个大规模的计划：第一步研究中西地理及历史，第二步研究各国政治情形，第三部研究古今政治学理，第四步研究政治家底手腕。这计划如果能节节进行，何常不好？然而我很复杂，最重要的还是堕落性。堕落的时候一到，一切工作都要停，纵然停后不久又整作，却是整作不久又要停。无论是谁，这样地工作，决不能有什么成就。

不久我观察出我已经将我能够当政治家的资格都打杀了。因为堕落，到人面前，我不敢抬起头来，更不愿意去联络人；因为堕落，上了讲台，脸一红，什么也讲不好，因此也不愿去作课外的活动。

这种种都是政治家所忌，而我都有了。我知道我的志向不得不改，不得不改学别的。然而我又不忍。

酝酿了许久，随后我花了几天底功夫，整天盘算这个改志向的问题。终久决定了要改，改做一个学者，一个思想家。决定后，我几天不想吃饭，似乎心里失掉了什么似的，有时淌下滚滚的泪来，

一个人曾经很迷信地倾注他全身底思潮在一个将来的志向上，曾经作了些实现那志向的预备，并且自己相信有达到那志向的可能，就因为他品行上堕落，自己戕害了自己，不得不抛弃

从前一切的梦想，从前一切的雄图，不得不另外走一条新路，天下更有多少事比这伤心的哟！

我改志要作一个学者，要作一个思想家后，以为现代思想界最重大的问题，莫如怎样处置东西文化的问题。于是和我的一个同伴，两个人组织了一个社，定名为文化社，这，除了一个同房外，没有人知道。我们预备用一番归纳的功夫，将各民族底历史及文化先分配地研究，然后拿研究的结果作比较的研究，最后用我们的笔指出各文化底长短，造出新文化来。这计划在未堕落的人们，已经就难实行，何况我这堕落的人呢？所以除开看了点古代民族底历史及关于社会起源和人种学的书外，只钞录了写杂志上论文化的文章，那计划就中停了。正在这个时候，人生底种种问题——生活是什么，生活为的是什么？什么是最完美的生活？等——宇宙底种种问题——宇宙是什么？宇宙为的是什么？宇宙从何而来？等——沸涌于脑内，于是我的志向又小变，趋而去研究哲学。

在交友方面，一上高等科，就接交了一个小同学。他的年纪比我狠要小些，是极想向上的青年。

他找我那是没有带着半点恶意。他知道在知识上我可以帮助他狠多。为什么他单找我呢？说起来也有趣。一年前，在中四的时候，有一天下了自修，凑巧我和他谈上了话。我问他想作什么样的人，他说，他的志向狠大，想做很大的人物。我又问他，预备学什么，他说不是数学，就是机械。我说，那都不是做大人物的事。说到这里，铃摇了，我们就没有继续谈过。谁知道就因为这点谈话，种上了我们交情的芽子，谁知道就因为这点谈话，在我的生活史里，更加上了许多重大的污点！

在我们交情底初期，我完全处于指导的地位。我教他看书，教他做学问的方法，教他收敛他放荡的性质 他对于我有十分的信用，我觉得他年纪虽少，却不是什么凡庸的材料。感情方面，我们如同兄弟一样。就这样不好么。然而人们都是不知足的哟！在他们不知足的时候，那想得到将来的结果呢！

我常常不明白，为什么聪明大一点的人，大半情感底冲动总狠烈，为什么情感冲动狠烈的人，走于精神方面者少，走于肉欲方面者多！

他的年纪比我小，情感的冲动却不比我弱。我们碰在一块，要好以后，便如火山一样的爆裂了。爆裂的情形不必提了，提起来太令人难受。着爆裂了，于是那海里的情形一切都变了，澎湃的浪涛在乌烟影里大放冲突。这就是我们爆裂后的写真。

多少次，我们恼了，反动了，不交谈。但是我们的关系是那样深，我们的思想是熔得那样相同，令得我们不久又结合起来。

我们时常花整天的功夫讨论做学问的方法，批评平素常见面的同学，时常花整天的功夫安排我们的功课表，装订我们要用的钞本。如果我们的交情里有点快乐，那快乐尽在这里了。但是火山一爆裂，一概都变成了灰烬。不可言喻的痛苦压在我们心上，使我们的交情又发生掀震的浪涛。虽然掀震，我们的关系总不能断绝，正如那浪涛一样，终久浪不出一个海去。

我时常想：怎么办呢，不能不在一块，却又免，要努力地向着光明走去。但是不久，不久又跌在黑黯的坑里。是命运捣鬼呢! 是我们的力量薄弱呢!

难道这一切能够怪他么? 一点也不能。固然他不是什么极纯洁的青年，他来求我的帮助，我就该指导他向着光明的路上走。然而我不，那责任不在我在谁呢，若我是有把握的，将他领上正路，天地间会有多少友爱比我们的更圆满哪!

在这个时期内，性情方面也走于非常。(我说非常，意思是: 如果让我有自然的发展，许多性情是我决不会有的。) 第一是我的同情性大减。这是两种原因造成的: (一) 环境底供给太安适，又不让我和社会底生活有些接触; (二) 堕落的结果，令我极易感觉旁人对我的批评，因此怀恨一切不能同情于我的人。未来清华前，从我狠小狠小的时候，一旦看着生活底痛苦稍烈的现象，我便会淌下泪来。记得是五岁的时候，我养着一只公鸡，他好和别的鸡斗，有一次斗败了，我大哭了一场。更有一次，我喂着一个小狗，父亲不让喂，给了旁人，我又大哭了一场。自到清华后，受了贵族生活底淘养，受了堕落性底摧残，无形之中，将人世底一切痛苦全忘了，将孩时那股对于生活的热泪烧干了。干了，我自己还不知道。一件事可以证明。家中连房子都没有，住的是人家底房子，隘陋不堪; 如果我不在家，家里每天只吃两顿，吃的是极粗糙的米，餍的是恶劣的菜。这尽够使我发恨将堕落性赶走，然而我不能，正因为我对于家中的同情不深。别的更不用说了。

第二是我的性质大暴燥，我从小就狠温和的，这完全是身体堕落，受多了激刺的结果。无论什么一点小事，就会使我暴燥起来。看书时，一点小小的声音就使我看不进；睡觉时，一点小小的动静就使我睡不着。人们一点小事触犯了我，便和人红着脸吵起来。这那是本来的我呢? 完全反了常。

朋友们总算对得住我。虽然我是这样不适人意的人，他们在经济上都给了我很多帮助。自从进高等科后，家中不能供给我一个钱。不是朋友，我早离开学校了，虽然我堕落，私心里却极感激他们。

在这个时期后载，我的身体糟到了焦点，眼镜就是这个时候配的。我不能接连看一点钟的书，不能接连作一点钟的运动。我知道我已经是垂死的人了，如果再不猛力奋斗，最好是自杀，最好是跳到大河里去淹死了他。

（三）奋斗时期——民国九年秋到民国十二年

要向读者说明: 自从我初次堕落时，我就奋斗过。那奋斗的力量和堕落的情形是成正比例的发展。我从来没有完全扔掉希望的时候，纵然堕落了，心里总想，还可以改，还不迟。这大约是我的生命里唯有的一线光明了。

不过是如此，在这个时期以前，我的奋斗，全属一时的反动，没有做过具体的，根本上的改革。在这个时期内，我回想，我曾经用我全生命底力量来反抗那堕落的恶魔，曾经集全我全灵魂里最纤微的善资来培养我个性里伟大的份子。

民国九年秋，从家里饱尝了一番激刺来校，心里百般的警告自己，再不要堕落了。我要研究哲学，又定下了一个大规模的计划：第一步研究哲学底普通学理及问题，第二步研究心理学、生物学底普通学理及问题，第三步研究社会科学底普通学理及问题，第四步研究美学底普通原则，到美后再作第五步，哲学底专门研究。到校后就起首作第一步，脑子里充满了无限青年地希望。但是一个月后，脑筋支持不住，抱怒同房的人太嘈杂，我便设法和堕落时期底朋友从大楼搬到后排，为的是好细心看书。然而人底堕性，可以说兽性，毕竟不是一下可以改得掉的。不久我又堕落了，我的各种计划又停止。幸而那朋友另外去找了心爱的同学，感情上和我断绝了关系。

大凡堕落的人最站不住寂寞的生活。他离开我以后，我觉得全宇宙都从我这里去了。当时我简直想不透，简直为这件事淌下泪来。寂寞的生活，在堕落的人，更容易令他堕落。

他离开我后，我谁也不愿意找，一味的烦闷将我逼到更堕落的路上。我想，我永远奋斗不出来了，我是命运注定了的人。有时我想到自杀，想到从这个学校跑掉。谁会相信，在水木清华的清华园里，居然有人想在夜深的时候走到荷花池畔那柯柏树枝下去吊死哟。

毕竟我没有自杀，也没有从这个学校跑掉，因为什么？我想到为我吃苦的父母，靠我将来生活的弟妹，我不忍；我想到我自己一块好材料就这样糟蹋了，我也不忍。不忍怎样呢？仍然奋斗。

我想，最紧要的是赶快去找一个敬仰的朋友，我就去找，也不管是生是熟。一找，公然就找着了。他是我的同乡，虽然认识，并没有谈过。记得我和他初次谈话，有这么一句，是我狠郑重说的："也许我们将来会作狠伟大的朋友。"以后我们深谈过许多回，然而究竟是新交的朋友，我对于他的感情不能深，我心里总恋着那个小朋友。倘若我能搬寝室也好了，但是不能。每天要和他见面，谈话，因此忘不了他，我知道。我应该和他一刀两断，却不肯拿刀。意志薄弱的人就有这些痛苦；明知道一件事该作，却不能决然作去。他也古怪，知识上便不愿和我断绝关系。久而久之，我的烦扰逼得我发生了脑筋病。无法，我打定主意，回家去住半年。想借这个决心鞭策我脱离一切堕落和痛苦，

我又糊涂，我还没有离开学校，就把这消息传播开了。他也知道了，来问我的理由，一心以为我作什么事，定然有些雄图远略，我更糊涂，不明言重要的动机，却告诉他说："我回家，因为我想在清华多住一年，好实行，达到我读书的计划。"我曾说过，他是极野心的。听过这话后，登时拿去应用在他身上。他盘算了又盘算，商量了又商量，最后决定了也回家。许多朋友劝他，他不听。我心里想，横直你回你的，我回我的，究竟我们不在一块。那知半年后返校，我们又是同房。

半年家中的生活，只有两件事可提。第一是我的婚姻问题解决了。我的父母，在我很小的时候，替我定下了亲。我老早就不愿意，乘这个机会将婚约破了，伊是完全旧式的女子，没有读过半点书。

第二是我改变了志向，从哲学改到文学。在乡间观察农夫

们的生活，觉得他们比什么人都幸福。

因此我悟到，一个人与其讨论人生。不若表现人生，与其从事于枯槁的知识生活，不若从事有色彩的情感生活。再者我富于情感的冲动，惟有文学可以美化他们，惟有文学可以发泄他们。当时我给朋友写信，常说：我宁愿作一个农夫，不愿当什么威尔逊，不愿当什么杜威。这话虽然太过，却很代表我那时的思潮。

为要求人生长途上的光明。我鼓着我全生命底气力，定下了回家的决心，及至在家中住了半年，因为环境底压迫，仍旧没有见着一丝光明，同校时那丧失的情况，恐怕没有人能形容的！

我起首研究文学，又定下计划：第一步研究普通文学批评及文学史；第二步研究诗底原则，顺便读些诗；第三步研究小说底原则，顺便看些小说；第四步研究戏剧，顺便看些剧本。

心性方面，我将我的个性细细分析了一番，将一切坏的习惯、思想的及行为的。都罗列出来，预备作积极的破坏；又将一切没有摧残尽的善的原质也罗列出来，预备作积极的建设。我又作了一个修养表，预备作节节进行的零碎的改革，再不作笼统的、虚张的声势。身体方面，我拿定注意，饮食不要过度，每天至少要运动一点钟，此外还有许多破釜沉舟的举动，连以往的日记、笔记都烧了。

这样我克己的向着光明走去，有两个多月一切都如意。我满心里想，终久被我奋斗出来了，那知生命底痛苦我还没有尝尽，不久我又落在堕落底坑里。

我有一种怪性，上面没有提过。说他是我的痛苦之源，可；

说他是我的幸福之源！也可。那就是：在光明的路上，我绝不容有例外；一有例外，那例外就会变成常事。要好就是通盘的好，要坏就是通盘的坏；要就是浑身纯洁，不然，倘若沾着一滴污点，那就非作到再不能恶浊时不止。堕落性在旁人偶一为之，或可安然无事，在我却万不能。我是没有不反动的；有时就因为反动，倒更堕落。所以像我这样的人，最后的结果，决不容调和，绝不容苟安，不是十分的高尚，便是十分的卑鄙。

我又落到堕落底坑里，堕落期过了，我又设法奋斗。我觉得有两件事要解决。第一，如果我不离开那个朋友，我的所有的积极的破坏和建设都不能实行。因为什么？我和他在一块，只会引起过去的各种不清洁的思想及行为。然而我们是同房，这件事终久没有解决。第二，究竟我有没有从堕落永远奋斗出的力量，究竟我能不能相信我自己？对于这层，我的结论，是当然我要相信我自己。不过如果有什么外界底力量，能够使我更相信，那是更好。这一点思想底芽子，竟使我于十一年寒假受了洗，作了基督徒。这件事算解决了。

宗教，说到底，毕竟是人底产物。人底力量尽了宗教底力量也有穷时。我作了基督徒后，作一切事都极诚恳，渐渐又从堕落坑里爬出来。正是到黑黯与光明底交界处，我大不该回头一望，然而我却回头望了，结果，又落在坑里。

我用尽了生命底精力，奋斗底结果，仍然落在坑里。这时候我灰心了，我疲倦了，我想摒弃生命底竞赛，让运命和环境来指挥我。一个人到了这种地步，可以说是完了，和死人一样，没有一点生活和希望了。我已经是这样的一个人，不懂为什么，几天后我又起来奋斗。也许是心还没有完全死罢了！

就在这个时候，灾区征求服务的学生，我便一切的阻碍都不管，到灾区去服务。我想，我可借此换个环境，在灾区作一番新的奋斗，待回来时，可以改变朋友们对于我的态度，特别那一位我不能离开的朋友。那知到灾区后，整天的忙极了。无暇顾到自己身心上的问题，而且因为饮食起居都无常，身体倒坏了许多。不过有一点，我觉得从这回服务上得着很多宝贵的知识和经验。

在灾区时，那位朋友替我抽下年底寝室，并且设法令我和他又是同房。我回来后，虽然心里很不赞成这件事，因为还有别的三位同房，我无形的答应了。又替下年我着了麻烦。这又是我懦弱不断的地方。

从灾区回来，我极力接交了一位我所素来敬爱的同学。我知道，他永远没有拒绝我过，只是我自己心怯，没有早早地和他深谈。他的纯洁的心性，沉静温柔的性情是那样地感动我，使我常常在梦幻里复活我天真时期底甜美的情感和烂熳的欢乐。但是他那年暑假就渡美了。

还接识了一位朋友，他的品格也是我所敬佩的。在他离校时，我们深谈了几次，这便将我们交情底基础打稳了。他为我作了一件事，那是我永远不能忘的。

这都是奋斗底结果哟！是从前的我，我那有勇气去接识我所敬佩的人们哪；我怕他耻笑我，怕他们不理我。

最后一年了，我想，不努力，出了学校更站不住脚了。学业方面，来校后，认定要注重中国文学，又定下计划：第一步研究文字学及文学史，顺便读诗；第二步分时代看文学的著作，由周以至于清。能看多少是多少。那知第一步功夫没有做几天，兴趣被太阿尔底诗、托尔斯太底小说引走了；又没有做几天，兴趣又被妥斯夫斯基底小说引走了；再不然，功课又来捣乱。到现在我才明白我从前一切计划之不能实行，固然由于堕落，却也因为我太不注意到兴趣功课了。你不注意他们，他们却来扰乱你。如果我曾经根据兴趣将课外和课内的研究相辅而行，或者我不至于没有一点收获。然而我却没有那样做过，对于功课一味地敷衍。

虽然是五人同房，我和那位朋友（其实只该说同伴）仍然常走在一块。然而情形却大变了，我们中间再没有什么同情，再没有什么波浪。我们知道，我们已然不是朋友，我们也不乐意再作朋友了。在我们中间，所存的，只有细细的一丝关系底线。不是这，我们走也不得走到一块了。就因为这，这两个无朋友的人们，仍然不得不常走在一块，尝那无朋友的痛苦。这就是污辱了友爱底神圣的人们底末路，这就是他们该有的惩罚。

不懂为什么，连那一丝关系底细细的线，我都要割断他，也许是因为要忘怀过去一切的生活罢！凑巧拿剪刀的人有了，于是我寒假内回家，那线就从此割断了。从此我们两个罪恶的人们就各走各的路，各寻各的光明，把从前一切都扔到脑后了。

我的奋斗时期也就此终止。

无论什么时候，我一回顾到那堕落时期、奋斗时期底我，我便胆寒。记得有多少次，我的泪珠，在没有人的时候，和那涓涓的小河同时流；记得有多少次，在清明的月光底下，我哀求月光底照看；记得有多少次，我独步西园，请我的良知当裁判；记得有多少次，在青春明媚的时候，我悲伤我的青春；更记得有多少次，我梦想一个青年的女郎来领导我，鼓舞我，指给我光明的路。就是有这种种，那青年人底堕落性犹不肯立然就离开我。可怕的堕落性哪！可怕的少年恶魔哪！我敬祈求你离开清华底少年生活，离开全世界底少年生活。

（四）刻苦时期——民国十二年到现在

我还有什么可以自负的呢？在清华八年多，学业，学业没有成就，品行，品行没有根基。我立誓，对于自己要克己，对于人们要诚恳，对于生活要取严重的态度。每早晚我狠诚恳地祷告，在这上，我培植我的同情，温润我的性质，提醒我人生底种种不易，就这样我的刻苦时期开始了。

我没有在校的朋友，大半的时候，过的是寂寞的生活。我一点也不抱怨，而且乐意领这样的生活，我觉得，对于想刻苦建立品格的人们，这是狠适宜的。确实不错，在这寂寞里，我常得着人生底教训、生活底安慰和欢乐。我不想去找什么朋友，也不羡慕人家底交情，在交友上，我实在享受够了。

固然免不了有难过的时候，——我觉得我的生活里缺少一点狠重要的原质——但是我狠沉默地忍受，绝不愿在环境里发些无味的牢骚，虽然有时不知不觉地发出来了。

我觉得人生是有意义的，生活是可乐观的。我们生活底目的，没有别的，只是充实地向着善、美发展。如何是善，如何是美，那是各人内心底问题。如果一个人在他个性里连善恶美丑都分不出来，那是孟子说的，无是非之心，不是人了。这种人，对于生活，当然不能有确定的态度，不能有确定的人生观，善美不是空说可以做到的，我们要在我们一切的思想行为里，在人类各种各样的生活里去锻炼他们，去模型他们。

不像从前那样傻，读书方面，我再不定什么大规模的计划，硬死板板地一步一步作去。我按着我的兴趣，这当然是有范围的，作短时期的研究。然而与功课相辅一层，我始终作不到。时常堆了许多课内的事，不能了，便以敷衍了之。多少事改了，这一件总不能改。我常想，我不是个住学校的人，不然，何以与功课结这大的仇呢？是的，我常抱怨办学堂的人不会办，不能随着学生底兴趣走，却硬强迫他们作些不愿作的事，这实在太过，办学堂的人当然有他们的苦衷。

三四个月来，略微看了点文学的书。创作的冲动狠大，极想作小说、戏剧，却没有时候。多少材料在脑子里迸挤，终于不能写出。我预备作一个平民底文学家，一个乡村底文学家。我恨一切贵族，和一切贵族的现象，我恨一切城市，和一切城市的生活。

我知道，我的艺术极幼稚，因此我绝对不愿意发表我的作品。我觉得莫泊桑苦功七年，不发表一篇小说，我至少该要苦功五年。这点决心常常动摇。因为我看见许多幼稚的青年作家都在国内文学界上享盛名，我心里不觉滋滋的痒。好几次，我想拿我的作品钞了出去，但是我仔细一想，这是不对的，我又将那些藏起。作一个文人，为的不是金钱，为的不是名誉，为的是创作的快乐，为的是发表后得人类几分同情的快乐。

在文学上我能有多少供献，我不敢说。我想，只要我这样努力地向着更灿烂的光明走去，我相信，我不会完全失败。

文人大半与文弱的身体相连串，至少在中国是这样。我的身体，虽然曾经过长期的摧残，但是经过一番奋斗、刻苦，我的身体终于渐渐强壮了。不错，"自然"绝不会另眼看待他的儿子们，更不会虐待他的堕落的儿子，如果他有奋斗的决心。从前，我不能坐着看一点钟的书，现在一坐三四点钟不觉怎样疲倦；从前我不愿意作多少运动，现在不运动就不畅快，就不舒服。我想这总是长进罢！

小节上有时也作虚心的事。这是难免。不过我正在努力地改。我要求的是整体的光明，不愿作带墨斑的玉石。

成人们总是有所懊悔，有所惋惜似的。他们懊悔青春的时候没有好好地发展，没有好好地享受，他们惋惜那永远不能再现的孩时底生活，那随着孩时一同过去了的纯洁烂熳的欢乐，我常梦想：如果天公弄点魔巧，将我更换到童年时期去，我定愿拼全生命底气力将那时期牢牢地抓住，向着光明作无限量的发展，向着欢乐作无限量的享受。这都是懊悔哟！这都是惋惜哟！我希望后来的人们永不会作这样的懊悔，永不会作这样的惋惜。

一九二三年四月十七日

（原载《清华生活：清华十二周年纪念号》）

我的清华生活

贺　麟

我来清华，倏忽四年。回顾过去生活，真是如梦如幻，可笑可哭。人人都说清华的生活很单调，而我却觉得我的清华生活太离奇变幻，太多方面了！我现在乘清华十二周年纪念，本刊将出《清华生活》增刊的机会，把我四年来的清华生活，算一总账，赤裸裸地写出来，以作大家批评镜鉴的资料。

我知道我这篇文字，自然不免有太直率而且有暴露自己过去的丑迹的地方。不过我相信司马光"无事不可对人言"这句话是对的，我认为我的生活情形，不论好的坏的都是可以公开给我的师长同学知道的。因此我胆敢发表我的清华生活。

（一）我的孤独生活。

我是民国八年秋季来清华的插班生，我插入中等科二年级。我刚进学校那一年内，可以说是纯粹过的孤独生活。我那时不惟没有知心朋友，即见面招呼的朋友，也几乎一个都找不出。互助谈心、交换知识的幸福，我绝未曾尝试过。课余饭后一人独逛西园，独在马路上散步的，总是我。吹风下雪的天气，别的同学皆三三五五围炉谈天，一人独自兀坐一旁，哑然无言的，总是我。假期无事的时候，别的同学都出外面玩去了，在自修室的一隅，独自向炉危坐的人，大概总是我。喜欢往荷花池的人，总常常可以看见我在池边站着出神，或是坐着沉思。售品所的食品部，我从来没有照顾过，因为我寻不着同伴。体育馆我间或也去一去，不过大概总是去浴身，并不是去运动。户外的网球场、足球场、篮球场，实在很少又我的足迹。老实说，我那时并不是不想练劲，我也曾费银三圆二角去买了一把保定制的网球拍，又去银二圆二角买了两个网球，但是可惜我老寻不着相当的伴侣，在一年之内，还未打上三次，我的球拍被别人借去用坏了，我那两个网球也不知被谁私自拿去用了。诸如此类的情形，说来可怜，也可笑。简言之，我那时对于韩昌黎所说"言无听者，歌无和者，是以独行而无徒也"几句话，到体会领略得十分周至。但是我也是有社交欲的动物——人——之一，为什么会过这样的孤独生活呢？其原因约有数端：

1.体弱多病。我在本省四川的时候，身体便很弱，及来北京，因气候水土与本省不同的关系，身体常感不适。身体不适，精神也自然会连带不好。因此我不喜交际，即偶尔与别人谈话，不是态度冷淡，便是简慢失礼；即是素来相知的同乡，见我那种消极的态度，也不愿与我多谈了。

2.不能谅解他人。四川为巫峡所障，风气与此地迥然不同。而我又生性愚鲁，不善顺应环境。因此我一入清华，觉得处处都不满意，人人都不合心。我当时认为一般同学，不是轻浮嚣张，未脱孩子气习，便是粗野横暴，带有军阀威风。（其实这两种状态，用善意解释，也可以说正足以表示清华学生之活泼和注重体育。）不然便是圆滑善言，含有政客臭味。（用善意解释，也可以说此正足以表示清华学生课外作业或社会服务之精神。）我这种种的误解，致使人人都被我深恶痛绝。这是说我不愿意与别人酬酢而采取孤独生活的原因。还有别人不愿意与我交往的一个极大原因，便是我初来学校，尚未开始上课之前——

3.被记大过一次。这事说来也很可笑。就是因饮食细故，我写匿名信去骂同桌的一位同学，他报告斋务处，及斋务处传我去问，我又直言不讳的承认了。那时我才知道写匿名信骂人是件不道德的事，有违校章。幸喜斋务长李琛念我新生无知，特予以改过自新之路，故从宽记大过一次示儆。我竟遭文字之祸了！于是我这个新生，遂得大出风头，名遍全科，真是当时中等科的名誉最坏的人（Most noiorious）了。谁还愿意同我交往呢？而我自己也觉得内咎神明，无面见人，实在到了吴景超君所说的"没有交朋友的资格"那种境地，我再也不好意思与别人谈话了。所以一次大过的惩罚，便是促成我年余孤独生活的大原因。我那时才悟名誉为人第二生命这句格言，是很有道理的。我那时才亲自经验到学校惩罚学生，对于学生的思想、行为及生活情形都有极大的影响的。

及民国九年秋季以后，我的身体渐强，精神渐好，态度也不似从前那样冷淡消极，闲或且作文以登周刊，又加入辞命研究会练习语言。我对于一般同学不惟没有误解，而且认为全是好人，全是中国将来有希望的青年。我对待同学的唯一态度就是"敬爱"二字。久而久之，同学们对我的坏印象似乎也渐渐消散了。自此以后，我便有见面招呼的朋友，无事谈天的朋友，也有讨论问题、研究学问的朋友。于是乎我便脱离我的孤独生活而转入！

（二）我的课外作业生活

我最初是被选为《通俗周报》集稿员，继又当辞命研究会会长。此后我便接接连连的干了不少的课外事。由什么评议员、委员、集稿员、会长、班长，一直任到本级——丙寅级——级长。那时正值壬戌级运动取消留级最热烈的时候，事务特别繁多。

我一面要对付严重的功课，一面又要料理课外事。我一天真是栖栖皇皇，忙个不了。午饭或晚饭后，不是别人约我"商议要事"，便是我约别人"要事相商"。甚至于下午在体育馆运动，晚上快要就寝，或者平常正在堂上上课时，都间或有听差手持纸条来请我去商谈事体。所以有时正课尚未了结，我的心便被课外的事占据了。像我这样忙碌的生活，只要忙得快活，也是很好的。但是我那时的生活，可又忙中有苦呀！有点可怜呀！因为我作事失之笨拙，没有才能，没有手腕，所以常常吃亏。为服务而牺牲少许功课，尚不要紧；而我有时竟因一件琐屑的事未了，以致夜不成寐。

我记得我还因用脑过度,住过一次医院呢!我那时已渐渐觉悟干课外事之有损学业,有伤身体了。后来我又感到多揽课外事务,不惟令人忘己骛外,且有时足以招致怨谤,潜自修养,不欲多露头角。以"体弱多病,才疏学浅"为理由,辞去一切的外事。

(三)我的超然生活。

超然生活与李迪俊君所谓"跌宕生活"似乎大同小异。就是积极的看课外书,有暇则与二三好友高谈阔论;消极方面,就是一不担任何团体的职员,二不当优异生,三不吃售品所。我过这种生活,是从民国十一年三月起至暑假止。及去年九月来校后,我还想继续这种生活。不过除不当优异生很容易办到外,要说实行不上售品所,实不可能之事。而义不容辞之时,有许多课外事,亦不能一概谢绝。

就上面所述看来,我的生活的大体,已有三变了。究竟变坏吗,还是变好,进步吗!还是退步?我自己也不明白。不过都算是我客观上,看得见的变的生活。还有一方面主观上,看不见的,不变的生活,就是——

有人说孤独生活是很痛苦的,可以使人疯狂的。但我当过孤独生活时,却不惟未感得孤独的悲哀,且觉得孤独生活亦有其相当之快乐。孤独生活不惟未使我得神经病,我反觉得我那时的脑筋比忙忙碌碌扰攘人群之中时,还清晰的多。这大概是因为我有下列三种精神生活的关系：

（1）自我之信任。身心无所归宿，信仰不能集中，是人生最危险的状态。我既不信宗教，又无高明的师长可以作我信仰的对象。没有法子，我只能信任我自己了。凡事都凭自己作主，凡事都听自己良心的裁判。故有时外面虽感痛苦，而内部却能得良心的安慰。因此我并不悲观厌世，且能照常进行我的学业，享乐现在。

（2）忿欲之克制。说句不客气的话罢，"古圣先生，名儒大贤"惩忿窒欲的工夫，来清华后，我的确实习过几天。我素来度量狭小，容易动气，自从我当新生时，因不能克制忿怒，写信骂人，碰了钉子后，我的"忿"便被斋务长与我惩去一大半。后来又经我自动的下点克制工夫，于是我从四川带出来的忿怒，所余已无几了。至于欲的方面，除了我的"表现欲"比较稍强一点，其余如性欲、食欲，以及清华最流行之"分数欲"，都是非常之微弱，不费力便克制下去了。我的朋友陈君之长，他对于我的品格，曾下了个英文字的考语，叫做goodnatured（性情纯良）。我想我的他这个考语大概不为无因。

（3）书籍之慰藉。看课外书也足以增进我精神上极大之快乐。无聊时，书籍便是我的消遣品；愁闷时，书籍便是我的解愁散。简言之，书籍可以说是指导我、安慰我的良师益友。朱熹所说的"读书乐"，我仿佛像领过一点儿。王心斋所说的"乐是乐此学，学是学此乐"，我也觉得并不是骗人的话。所以我认为读书是一种有趣的游艺，不是开矿的苦工。

上述三端，便是我四年来无甚改变的精神生活之大概了。我还有一种生活，因为环境变迁的关系，与平常迥然不同的，便是离开清华的——

（五）我的暑假生活。

我因离家太远，故几个暑假期中，从未回家一次。民国九年夏，我住西山消夏团，民国十年及十一年夏，我都在山东烟台避暑。住西山消夏团的生活情形，知道的和经验过的人都很多，用不着我此刻来费词。不过住西山消夏团，是我离开家庭，离开学校而度暑假的初次生活。于我特别新鲜有趣。在那个假期中，我脱离了在校时那种规律生活，或功课束缚的生活，而新过一种自由任性的生活，这是如何的一个大解放啊！所读的书，都是自己乐意读的，不是教员指定的。每天的日课，都是自己任意规定，决不受学校的限制。这种生活是如何的自由啊！我度了这个暑假回校之后，精神固很快活，身体也较前健康，我那时才证实暑假对于学生身心学问的好处，有时比在校还多。至于在烟台消夏那两个暑假，尤其令我满意。因为烟台乃中国著名的港口，背山面海，山上有林，海中有鸟，风景之美，实非笔墨所易描写。而我们几个在那里消夏的同学又复尽力利用，尽力享受其天然之美。我们曾经作了几句游戏文，以写我们在该处的日常生活，兹录要如下：月夜泛舟游海滨，清晨早起望日出；或在海边泅水，或在崖间读书；饭后散步观潮涌，闲来登山撷果蔬。像这种与自然界很接近的生活。不用说于我一生的性格,都有极大影响的。我那时曾做了一首打油新诗,以永芝罘(芝罘即烟台之别名)中有几句很可以证明此点:

芝罘呀!

你那和煦温润的天气,

就是我的情性。

你那浩荡无涯的海,

就是我的度量,我的胸怀。

你那透明远照使人警觉的塔灯,

就是我光明磊落时时惺存的心。

你那孤立海中的岛,挺然崛起的山,

就是我的骨骼,我的遗世独立的精神。

芝罘呀!

你就是我,

我就是你。

据此,则烟台之影响我,感兴(inspire)我,也就可以想见。因此我觉得暑假中的生活,影响我的思想、行为、性情、学问,比在校的时期,还要厉害些,所以我愿意多费一点工夫附带报告一下。

我过去的生活情形,除了医院生活与课堂生活,因限于篇幅,未能写出外,其余都约略叙述如上了。兹将近而述说我目前的生活,以结吾篇。

（六）我现在的生活状况

我现在的生活，既无课外作业生活那样忙碌，又无超然生活那样清闲，也并不像出来校时那样孤独。我也不敢像从前那样多费时间去看课外书，或作课外事，因为现在正课繁重，而且"手枪"（F）和指挥刀"（P）那两个东西，"其威可畏，其形可象"，我只得自苦一点，多用一些儿心在正功课上，实在不敢太与他们两位先生接近很了。至于我最近的日常生活，都是与大多数同学相同，并无奇特的地方。别的同学念书时，大概我也在念书，别的同学玩的时候，大概我也在玩。未用早膳以前，我常看见许多人在荷花池旁的山上朗读英文，我间或也仿效他们，多早便携本书跑到山上去叫唤几声。他如体育馆，我每天总要拜访一次，图书馆我每天至少去两次，只要有人演讲，地点无论在科学馆或大礼拜堂，讲题无论是普通的或专门的，我总是要去听的。每星期六晚的电影，我从未缺席一次。在食堂里或售品公社食品部，有时我也请客或被人请。像这种琐细的生活情形，实在不必多写。总括一句，我现在的生活，与大多数同学是一样的。换句话说，我现在过的是德谟克拉西的生活——服从大多数的生活，从好的方面说，我这种生活是很能顺应清华的环境的生活，是能够尽量利用和享受清华完美的设备的生活。从坏的方面说，我现在这种生活，便是平庸通常不伦不类的生活。说什么顺应环境？不过就是因为我在清华多住了几年，无形中被环境软化被外界征服罢了!你看我的意志是如何的薄弱呵!我前几年那种反抗环境,自图新境的生活,已经成为过去了!我每一回溯过去的生活,心中犹觉有一点快乐,但一提起目前的生活,我几乎禁不住要流泪了。我知道我烦闷生活的时期,将从此发轫了!烦闷之余,我又曷尝不想另外创造一种新的生活?但是谈何容易!

（原载《清华生活：清华十二周年纪念号》）